微课
就该这样做

罗晓 范歆蓉 ◎著

中国·广州

图书在版编目（CIP）数据

微课就该这样做 / 罗晓，范歆蓉著. —广州：广东旅游出版社，2020.11

ISBN 978-7-5570-2237-2

Ⅰ.①微… Ⅱ.①罗… ②范… Ⅲ.①多媒体课件—制作 Ⅳ.① G436

中国版本图书馆 CIP 数据核字（2020）第 090034 号

出 版 人：刘志松
责任编辑：梅哲坤　戴璐琪

微课就该这样做
WEI KE JIU GAI ZHE YANG ZUO

广东旅游出版社出版发行
地　址：广东省广州市荔湾区沙面北街 71 号首、二层
邮编：510130
电　话：020-87347732
印　刷：北京彩眸彩色印刷有限公司
（地址：北京市昌平区马池口镇畲奋屯村北京燕旭工贸有限公司院内）
开本：787 毫米×1092 毫米　1/16
字数：220 千字
印张：19.75
版次：2020 年 11 月第 1 版
印次：2020 年 11 月第 1 次印刷
定价：58.00 元

【版权所有 侵权必究】

本书如有错页倒装等质量问题，请直接与印刷厂联系换书　010-69791185

推荐序

随着市场竞争的白热化，企业对于高质量人才的渴求愈发迫切。我们都知道，高质量人才的来源不能单纯依靠招聘，更有赖于企业持续的培养。但在实际工作中，不少企业对开展培训的感受是又爱又恨。

爱，是因为当市场格局发生变化，企业调整发展策略，生产过程需要引进新技术、新设备，企业招聘新员工，生产过程问题频发时，培训往往是解决问题的主要手段。恨，是因为培训占用大量资源，人力成本、时间成本、机会成本等大量支出却往往令企业顾此失彼。

为何培训很多却总觉得差点什么

在支出大量资源之后，企业培训效果却并不理想。据测算，企业外请培训师讲授课程的培训综合有效性不足7%。企业迫切希望减少培训时长，提高培训有效性，降低培训成本。

近年来，新生代员工逐渐成为生产和管理的主力军。新生代员工对于知识、技能的接受方式与传统的方式截然不同，他们更乐于接受耗时短、命题小、与自己密切相关，并能切实解决问题的培训方式。

微课程可以有效破解企业培训困局

微课程关注企业痛点、难点、关键点，具有课程体量小、内容实际、实战、实用、对象精准、设计精致、结构精巧等特点。微课程契合了新生代员工的学习特点，日益受到欢迎。

不用多媒体的培训在形式上已经落后

每一次媒介技术的进步都在推动人类社会文明的进程，培训介质的更迭深刻影响着培训形态的变化。文字的出现，让信息传递摆脱口耳相传，使人类文明可以长期传递；造纸术的发明让书籍、报刊有机会走进千门万户，使教育培训大众化成为可能；广播、电视的迅速崛起，让知识和技术变得更加具体可感，使教育培训告别了不可名状；互联网的出现，让世界近在咫尺，使教育培训开始突破时空限制。

近年来，以4G通信技术为代表的手机媒体迅速发展，大有取代传统媒介霸主地位之势，让教育培训进一步融入人类的社会生活。5G通信技术的到来，为学员学习提供了更多可能性，迫使传统培训方式必须做出重大调整。

因此，利用新的媒介技术开展培训开始变得势在必行，无论是在办公室还是在车间，无论是在电脑前还是在回家的路上，新的培训媒介正在发挥着前所未有的影响作用。

本书为企业内训师开展课程设计提供工具

不少老师非常希望了解新技术给授课带来的变化，借此跟上新型教学方式的步伐。但是不少新老师，尤其是企业内部老师可能因为缺乏科学的课程开发套路，对于微课程的开发大多来自于经验，缺乏系统性，造成课程开发效果不够理想。

本书提供了大量实例、工具、方法，希望培训师可以按照书中介绍的流程、步骤顺利完成课程开发、讲授任务，让本书籍成为企业内部老师必备的工具书。

本书为企业培训管理者更新观念提供依据

当下一些培训管理者希望调整自己的培训管理思路，但苦于无从下手，缺乏时效性强又较为权威的依据，只能停留在经验分享和实践摸索阶段。

本书内容来自中国培训界最前沿的两位培训师，长年专注于授课技能、课程开发、培训师队伍建设等工作。他们的培训思路和理念可以成为企业培训管理者更新观念的依据。

本书为职业培训师提高授课效果提供借鉴

职业讲师的授课时长一般在一天以上，他们致力于让课程实用、实效，解决企业的实际问题，只有这样，他们的职业生命才会更长。在解构一些优秀职业讲师的课程结构时，我们发现，他们的完整课程其实就是由若干个微课程结成。

本书内容将微课程设计、制作的各个环节逐一击破，为职业培训师优化课程结构、提高课程精彩程度提供借鉴。

本书为学校教师优化课程结构提供新思路

长期以来，学校教师授课水平囿于传统思路，是造成学生学习兴趣低、学习效果差、教师职业效能感不高的重要原因。商业老师的生存必须依靠课程效果，这是教育培训市场检验老师的唯一标准，他们开发课程的一些思路和授课技巧可以作为学校教师的借鉴。

本书介绍的方法和内容经过商业培训市场检验，可以为在校教师提供新的课程结构思路，帮助他们进一步提高课程效果。

本书为各类教学类评比赛前辅导提供教材

近年来，从企业界到教育界再到培训界，青年内训师培训技能大赛、教师课程设计大赛、好课程评选活动层出不穷。这些比赛的评比条件都有一个共通点，都是无一例外地将培训时长限制在 8 ~ 30 分钟，而这正是微课程的重要特征。

本书系统的知识体系以及实用的方法、技巧，可以成为各类授课技能大赛、课程设计大赛的教材，希望可以助力此类大赛的开展。

中国PTT版权人　周 平（山隐耕夫）

第一章 微课程如何破题定内容

第一节 不是所有内容都适合开发微课程　3

一、什么内容适合开发成微课程　4

二、抽丝剥茧找到微课程的主题　9

三、微课程开发必须考虑呈现形式　16

第二节 如何找到课程立题的关键所在　19

一、课程立题，名之有道　19

二、学习目标，行之有效　20

第三节 如何确定课程大纲、小节内容　23

一、课程主体内容从哪里产生　23

二、内容安排有哪些逻辑可用　28

三、小节内容如何选取、安排　34

第四节　微课程开发不能这样搞　　37

　　一、把微课程拍成流水账　　37

　　二、用微信授课不是微课程的全貌　　38

　　三、直接截取现场培训视频　　39

　　四、截取E-Learning课程片断　　40

　　五、讲稿直接转成幻灯片　　40

第二章　微课程的标题如何吸睛

第一节　必须重视微课程命名　　44

　　一、为什么要花心思制作课程标题　　44

　　二、衡量好标题的标准是什么　　46

第二节　课程标题的命名方法　　49

　　一、标题命名的DNS法则　　49

　　二、课程命名的三大方法　　51

　　三、如何选定微课程标题　　52

第三节　优秀的微课程标题解析　　55

　　一、借用成语　　57

　　二、一语双关　　58

　　三、借喻类比　　58

　　四、具象数字　　59

　　五、借用名作题目　　60

　　六、热词热句　　61

七、半语引言　62

八、前后反差　63

第三章　微课程的讲授方式

第一节　优化授课方式是提高老师价值的重要方法　69

　　一、他们的讲师费相差一百倍　69

　　二、讲师费差别为何如此之大　69

第二节　让培训方式更符合人类接受信息的方式　71

第三节　如何让学员保持兴趣　73

　　一、"视觉动物"更感性　73

　　二、感性的具体表现形式　73

　　三、感性对于培训的作用　76

第四节　如何让学员学到东西　81

　　一、"听觉动物"更理性　81

　　二、理性的具体表现形式　81

　　三、理性对于培训的作用　84

第五节　如何让学员加深印象　85

　　一、"动觉动物"爱互动　85

　　二、互动具体有哪些形式　86

　　三、互动对于培训的作用　89

第六节　架构微课程的五大套路　92

　　一、单引入—单执行　92

二、单引入—单执行—单加强　　96

三、单引入—单执行—双加强　　100

四、双引入—单执行—单加强　　104

五、双引入—单执行—双加强　　108

第四章　微课程的课件怎么设计

第一节　什么幻灯片是优秀幻灯片　　117

一、越用力越难看的怪圈　　118

二、优秀幻灯片六大特征　　122

三、观众品评幻灯片的秘密　　148

第二节　微课程合用的幻灯片风格　　156

一、全字型幻灯片　　156

二、整图型幻灯片　　163

第五章　音频类微课程如何制作

第一节　音频类微课程的优势　　172

一、学员方便受限少　　172

二、开设课程成本低　　173

三、交互学习时效强　　174

第二节　制作音频微课程的流程　　174

一、草拟课程大纲　　174

二、选定课程套路　　179

三、制作授课脚本　　180

　　四、开展录制/直播　　184

第三节　音频微课程的制作技巧　　187

　　一、做好适听语言的转换　　187

　　二、必要时提供视觉辅助　　189

　　三、要适时提供课后材料　　189

第六章　视频类微课程如何制作

第一节　视频类微课程的优势　　194

　　一、具体可感更直观　　194

　　二、主流趋势更便携　　196

　　三、制作简便更亲民　　197

第二节　视频微课程的摄制要求　　198

　　一、广播级视频类微课程的摄制条件　　201

　　二、企业级视频类微课程的摄制条件　　202

　　三、大众级视频类微课程的摄制条件　　204

第三节　视频微课程的人员要求　　206

　　一、课程开发人员　　207

　　二、视频摄制人员　　210

　　三、授课讲师　　212

　　四、情景剧演员　　215

第四节　摄制视频微课程的流程　217

　　一、摄制前期的准备　219

　　二、开展录制工作　224

　　三、后期剪辑制作　226

　　四、课程审核发布　235

第五节　视频微课程的摄制技巧　237

　　一、重视课程大纲及拍摄脚本　237

　　二、注意处理拍摄动作细节　238

　　三、构图要充分考虑人物站位　239

　　四、画面大小要符合播放需要　240

　　五、要注重细节，做足前期准备　241

第七章　如何加强微课程的效果

第一节　完成开发才是培训项目的开始　245

　　一、完成开发是启动培训的前提　246

　　二、费尽心力之后不能束之高阁　248

　　三、内化、优化方能可持续发展　251

第二节　建立线上微课程培训考核机制　253

　　一、组织学习必须要考虑效果增益　253

　　二、利用技术确保学习进程及效果　258

　　三、使用工具可助力统计培训效果　262

第三节　形成全员参与微课程的氛围　265

一、让每个员工都成为明星　266

二、宣传造势扩大微课程的影响　268

三、趣味活动增强微课程的后劲　271

第四节　线上线下联动形成良性循环　273

一、让线下培训与线上微课程形成互补　273

二、让企业的专业课程走进学校课堂　277

三、让微课程成为新时期培训的重要一环　279

附录　282

微课程制作项目相关标准（企业级）　282

《如何识别合格的增值税专用发票》课程大纲　284

《如何识别合格的增值税专用发票》微课程拍摄脚本　287

《超越自我——柜员营销服务能力提升七步曲》课程大纲　290

《超越自我——柜员营销服务能力提升七步曲》微课程拍摄脚本　294

参考文献　299

第一章

微课程如何破题定内容

近年来，伴随着手机互联网的发展，微课程进入到企业管理者、培训管理者和授课老师的视野。随之而来的，是各种形式的微课程破土而出，如雨后春笋般恣意生长。

但是伴随着微课程的发展，也出现了一些微课程开发的误区。有些人以为微课程就是在微信上授课，有人认为微课程就是把平时拍摄的视频截取出来放在网上，或者索性把E-Learning的片段截取出来供学生学习，还有人直接把讲稿贴在PPT上当作微课程让学生学习。

这些都是开发和制作微课程的误区，需要极力避免。出现这些误区的原因不外乎有三种：一是不了解微课程的基本属性，二是不知道如何判断什么内容适合开发成微课程，三是不掌握开发微课程的基本流程和技巧。

广东的一家企业就曾经因为没有遵循微课程开发的规律而耽误了年度培训进程，浪费了不少时间、人力、物力。这家企业把各工种的交接班流程拍成视频，事无巨细地记录着每一个环节，让整个视频微课程显得异常的枯燥乏味，不仅是学员觉得不想继续往下看，就连摄制组人员也觉得自己的微课程拍摄得并不如意。

做好微课程必须做到以下三项基础工作：一是懂得判断什么内容适合开发成为课程，二是如何找到课程立题的关键所在，三是知道如何架构课程大纲以及填充小节内容。

优秀的微课程离不开科学的立题、合理的立纲、巧妙的立节，只有符合规律的破题定内容，微课程才能准确、有效地帮助你解决工作中出现的问题。

第一节　不是所有内容都适合开发微课程

一、什么内容适合开发成微课程

微课程因其授课时间短、知识体量小、聚焦关键问题、解决措施具体受到不少企业的青睐。但是，在企业运营过程中呈现的问题，不一定都适合用微课程来解决。

（一）什么类型的微课程较为常见

一般来说，教育培训界将课程分为知识、技能和态度三大类，而这三大课程类型在微课程中的占比并不相当，出现了知识类微课程和技能类微课程占主导、态度类微课程几乎为零的局面。

1. 知识类微课程较为常见

知识，是构成一切课程的基础。知识类微课程的选题可以是企业Logo的解读，可以是规章制度的宣贯，可以是产品卖点的介绍，还可以是危险化学品的危害警示。纵观微课程结构，知识类的微课程是较为常见的一类，是微课程不可或缺的重要类型。

知识类内容包括陈述性知识、程序性知识。

（1）陈述性知识也叫描述性知识，是指个人具有有意识地提取线索，而能直接加以回忆和陈述的知识。主要是用来说明事物性质、特征和状态，用于区别和辨别事物，有静态的性质。具体来说，往往是指事物的本质，是关于"是什么"的知识。

（2）程序性知识也叫操作性知识，是指个人没有有意识地提取线索，只能借助某种作业形式间接推论其存在的知识。具体来说，往往是指办事的操作步骤，是关于"怎么办"的知识。

2. 技能类微课程最为常见

技能，是企业开展生产、提升业绩的必备条件。技能类微课程的选题可以是差旅发票粘贴技巧，也可以是应对砍价客户的话术，还可以是防止电信诈骗的操作技巧。技能类的微课程因其聚焦问题，提供切实可行的方法，成为最受企业和学生欢迎的课程类型。

技能类内容包括操作技能与智慧技能。

（1）操作技能也叫动作技能、运动技能，是通过学习而形成的合乎法则的操作活动方式。

（2）智慧技能指的是运用概念和规则对外办事的能力。

3. 态度类微课程程最为罕见

态度，是学生所持有的稳定的心理倾向，这是根植在学生心中的部分。转变态度通常需要比较长的时间，鉴于微课程的时间限制，态度类的课程往往难以达到我们想要的效果。所以，单一存在的态度类微课程通常比较少见。

但是，对于一些态度类的大课来说，也是由若干个相关的事关态度的微课程组成的。

基于不同微课程类型在企业培训中的重要性、实用性和使用频度，我们主张微课程应着力于知识类和技能类的课程内容，本书将重点围绕知识类、技能类微课程的设计、开发展开。

（二）微课程能够解决哪些问题

【案例1-1】 银行大堂混乱的一刻

2017年的一天上午，位于妇幼医院旁边的一个银行网点，刘女士手里抱着一个出生不久的孩子，急匆匆地走进大堂。大堂里的银行职员都低头忙着自己的事，没有人关注她。再三张望之后，她径直走向自动柜员机，希望快点把钱取出来给孩子看病。

可是，她发现两台自动柜员机有一台坏了，另一台前也排起了长队。更要命的是，当她排到的时候，发现自己的银行卡落在了家里，这下可把她急坏了。

这时，大堂里传来一阵喧哗，现金柜台前两位客户争执了起来。原来，是一位单位的财务拿着老板的银行VIP卡排号，花了半个多小时的时间办理业务，引起了后面客户的不满。其中一个客户抱怨，本来到银行办事填表、提供材料就麻烦，还要等那么久，让他心里很不爽。

这时候，刘女士怀里的孩子哭了起来，怎么哄也哄不住，嗷嗷待哺的孩子正期待着妈妈的喂养。可是，网点里都是客户，没有可以让她安心哺乳的地方。她估摸着，如果回去再哺乳，恐怕孩子太饿会受不了。她希望能够快点取了钱，回到医院哺乳。

大堂经理听到了现金柜台前的争执和孩子的哭声，同时又有客户让她去智慧柜员机授权……刚上任没几天的她快崩溃了，赶紧让理财经理小郭帮助刘女士处理孩子的问题，自己跑去解决客户的争吵问题。

小郭把刘女士领到自己的办公室哺乳，听完刘女士的陈述后，她立刻想到了银行刚上线的无卡无折取款业务，可是她自己也没有办过这种业务，操作起来也有些生疏。好不容易，她才帮刘女士取出钱来。

不难看出，这家银行网点在同一时间出现的问题并不少，有内部因素造成的，也有外部因素造成的，有可控因素，也有不可控因素。在那一刻，这家银行网点出现了以下 8 个问题：

没有工作人员跟进入网点的客户打招呼；

银行职员对办理较少的业务流程不熟悉；

客户排号时间过长；

自动柜员机故障，网点员工不动手修理；

没有母婴室可供哺乳；

新任大堂经理忙得走不开，智慧柜员机无人授权；

单位财务人员拿私人的银行 VIP 卡排号，长时间占据现金柜台；

服务流程烦琐，服务效率不高。

【思考】以上 8 个问题全部都能通过微课解决吗？

将以上 8 个问题进行归类之后我们发现，除了知识、技能和态度以外，造成问题的可能还有制度方面的原因，但制度的改变不在微课程的能力范围内。由此我们做出如下判断：

（1）可通过微课程解决的问题：因知识、技能掌握不足而出现的问题。

（2）非微课程能够解决的问题：因态度、制度原因产生的问题。

所以，我们将上述案例中的问题分析如下（如表1-1所示）：

表1-1 微课程类型界定表

问 题	微课程解决		非微课程解决	
	知识	技能	态度	制度
没有工作人员跟进入网点的客户打招呼			√	
银行职员对办理较少的业务流程不熟悉	√	√		
客户排号时间过长				√
自动柜员机故障，网点员工不动手修理				√
没有母婴室可供哺乳				√
新任大堂经理忙得走不开，智慧柜员机无人授权		√		
单位财务人员拿私人的银行VIP卡排号，长时间占据现金柜台		√		√
服务流程烦琐，服务效率不高				√

（3）非微课程解决的问题

①经核实，该网点"没有工作人员跟进入网点的客户打招呼"是属于态度类问题，这较难通过微课程实现改变，可以通过其他方式进行改善。

②"单位财务人员拿私人的银行VIP卡排号，长时间占据现金柜台"这一问题与制度设定有一定关联，也可能与知识或技能相关。

"客户排号时间过长""自动柜员机故障""没有母婴室可供

哺乳""服务流程烦琐,服务效率不高"这四项与制度设定关联很大。

以上所列与制度相关的内容部分,通过微课程以外的途径解决问题更有利。

(4)可通过微课程解决的问题

"银行职员对办理较少的业务流程不熟悉""新任大堂经理忙得走不开,智慧柜员机无人授权""单位财务人员拿私人的银行VIP卡排号,长时间占据现金柜台"等三个问题与知识或技能不足相关,可以通过微课程解决。

二、抽丝剥茧找到微课程的主题

(一)划分能力区间,权衡内部资源

开发微课程之前,我们需要对拟开发的微课程划分能力区间,衡量组织的内部资源,以此确定将采取什么样的方式来解决问题。

1. 划分能力区间

一般来说,我们把技能类的培训分为通用工作能力和内部专业能力两大类。这两大类能力是每一个员工在工作中都必须掌握的能力,二者在工作当中彼此相互影响,为个人绩效提高和组织目标达成提供有力支撑,是在着手开发微课程时必须考虑的因素。

(1)通用工作能力。我们把员工应当具备的、最重要的、最常见的能力,称为通用工作能力。这不仅包括管理层的组织管理能力,还包括其他员工的个人管理能力。

(2)专业工作能力。我们把具体行业、具体职业所必须掌握的、最核心的、最常见的技能称之为内部专业能力。

2. 权衡内部资源

除了以上两类能力以外，我们在开发微课程时还要全面衡量内部专家的综合情况。内部专家的人数和技术能力水平，将直接决定或者影响课程开发的广度、深度、高度和速度。因此，在开发微课程之前，对内部专家的综合情况进全面了解是必不可少的一环（如图1-1所示）。

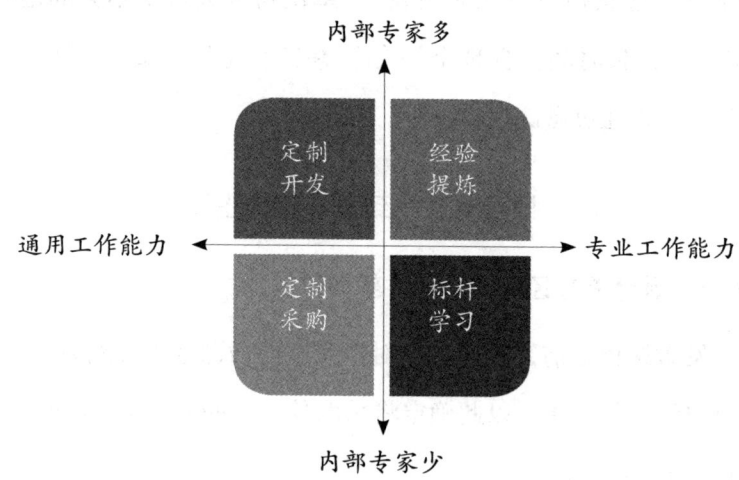

图1-1 培训形式选择模型

对于拟开发的微课程主题，我们在做完划分能力区间和权衡内部资源之后，依据培训形式再来挑选具体的课程开发形式。

（二）确定课程开发形式

1. 第一类：定制开发法

当课程需求的内容是通用工作能力，同时内部专家多、能力素质高的时候，可以采用定制开发法，根据企业实际情况开发出微课程。

【典型课程】

★《前台接待礼仪》

★《劳保用品穿戴规范》

★《低压验电笔使用方法》

2. 第二类：经验提炼法

当课程需求的内容是专业工作能力，同时内部专家多、能力素质高时，可以采用经验提炼法对优秀员工的操作流程、工作技能进行经验提炼开发出微课程。

【典型课程】

★《应对讨价还价的客户话术》

★《提高伏案式点钞准确率的技巧》

★《减少甘蔗虫害的三大方法》

3. 第三类：标杆学习法

当课程的需求内容是专业工作能力，但内部专家少、能力素质相对低时，可以采用标杆学习的方法，到兄弟单位的标杆岗位或者同行业的标杆企业中学习他们的生产技术、工作流程、操作经验。但标杆学习法已超出企业自主开发微课程的能力范畴。

【典型主题】

★"绩效考核制度"标杆学习项目

★"物流配送机制"标杆学习项目

★"企业文化营造"标杆学习项目

4. 第四类：外部采购法

当课程的需求内容是通用工作能力，但内部专家少、能力素质相对低时，可以采用外部采购的方法，请职业讲师对学员进行专项培训。外部采购法也超出了企业自主开发微课程的能力范畴。

【典型课程】

★《MTP-100 中层管理人员培训》

★《PTT 国际专业讲师培训》

★《压力和情绪管理》

（三）找准问题实质，确定培训主题

【案例1-2】"厌学"的小明

一天，小明放学回家，看到爸爸正在沙发上看报纸，便凑近去跟爸爸说："爸爸，我明天不想去学校了！"

爸爸一脸狐疑地问道："什么？你不想去学校了吗？"

小明果断地回答道："是啊，不想去了，再也不想去了！"

"有本事你再说一遍！"爸爸怒不可遏地吼道。

小明再也压抑不住自己的情绪，他近乎嘶吼地喊道："不想去了，就是不想去了，再也不要去那个鬼地方了！"

……

【案例点评】

这样的案例在我们的生活中似乎并不少见，乍一看这是一位厌学的孩子，他在学习态度上出现了问题，但实际上真实的情况却并非如此。

真实的情况是,这几天小明非常认真地听课,并且一直积极举手,希望回答问题。可是好几次在他举手的时候,老师并没有给他机会,这让他的学习积极性大大受挫。他跟爸爸说"明天不想去学校",其实是想让爸爸帮助他平复情绪。所以,弄清楚问题背后的实质才是有效解决问题的前提和基础。

在做课程调研时,我们发现的现象中,有些暴露了出现问题的原因,可以直接成为微课程的主题;有些问题可能由多种原因造成,必须得经过仔细分析、审慎思考才能确定到底使用什么课程类型来开展培训,从而解决问题。

在【案例1-1】《银行大堂混乱的一刻》里,我们找到了三个可以通过微课程解决的问题。为了反映问题的实质,找准问题的根源,我们对这三个表面现象所呈现的问题实质进行了归纳和总结。

我们发现,这三个问题的实质各有不同,其开发成为课程的方法也不一样(如表1-2所示)。

表1-2 微课程开发方法选择对照表

表面现象	问题实质	对应主题	开发方法
银行职员对办理较少的业务流程不熟悉	无折无卡取款操作流程不熟练	《无折无卡业务取款操作流程》	定制开发
新任大堂经理忙得走不开,智慧柜员机无人授权	新任大堂经理时间管理能力不强	《新任大堂经理时间管理能力提升训练》	定制开发
单位财务拿私人的银行VIP卡排号,长时间占据现金柜台	大堂经理引导过程不规范	《大堂经理业务服务流程规范》	定制开发
	现金柜员引流不及时、不到位	《现金柜员引流话术》	经验提炼

（四）五度权衡定量，开发顺序了然

同一地点、同一工作对象所呈现出的问题实质，极有可能应对着多个主题。而对于企业和企业内部老师来说，工作资源相对有限，难以在短时间之内将所有问题都开发成微课程。

因此，我们可以从重要程度、紧急程度、影响程度、发生频率、发展趋势等五个维度来衡量，看看是否需要马上将所有的问题都开发成微课程。

1. 五个维度

维度一：重要程度。重要程度是指此类问题所反映出来的实质在工作中所处的位置，是否是做好工作的重点、难点和关键点。

维度二：紧急程度。紧急程度是指解决此类问题的迫切程度，考虑是否是需要马上解决的问题。

维度三：影响程度。影响程度是指此类问题对于企业形象、生产经营、员工士气等造成负面影响的程度大小。

维度四：发生频率。发生频率是指此类事件发生的频率，判断这是频发事件还是偶发事件，是局部发生的问题还是整体上都出现了此类问题。

维度五：发展趋势。发展趋势有两层含义，第一层是指此类问题发生概率是在增加还是在减少，第二层是指新业务、新技术、新设备在未来生产经营中使用的频率和趋势。

2. 具体操作流程

量化赋分。根据工作实际情况，从问题所反映出来的重要程

度、紧急程度、影响程度、发生频率、发展趋势等五个维度来衡量，给拟开发的微课程主题进行赋分。每个指标的权重最高分 10 分，最低分 1 分。

统计分数。对赋分后的分数进行小计，统计五个维度的最终得分。

进行排序。对拟开发的课程主题进行排序。

确定主题。根据排序情况，找到当下应当最先开发的微课程主题（如表 1-3 所示）。

表 1-3　微课程主题优选排序表

主题	重要 1-10 分	紧急 1-10 分	影响 1-10 分	频率 1-10 分	趋势 1-10 分	小计 1-10 分	排序
《无折无卡业务取款操作流程》	8	9	8	7	8	40	1
《新任大堂经理时间管理能力提升训练》	8	7	8	5	4	32	2
《大堂经理服务流程规范》	7	3	7	3	2	22	3
《现金柜员引流话术》	6	3	7	3	2	21	4

《无折无卡业务取款操作流程》得分最高，是首要开发的微课程主题。

《新任大堂经理时间管理能力提升训练》排在第二位，分数相对较低，且时间管理能力提升训练所包含的内容较多，可以开发成多个微课程，所以需要进一步细分课程需求和划分课程内容，有计划地组织开发。

《大堂经理服务流程规范》和《现金柜员引流话术》两个主题

的得分最低，可以考虑以经验交流的方式学习，或在时机成熟时再开发成微课程供同岗位的员工学习。

三、微课程开发必须考虑呈现形式

从培训传播形式上来分，微课程可以分为线上微课程和线下微课程，两种微课程的呈现形式、传播载体有很大差异，担任着不同的角色，起到不同的作用。合理布局、使用线上微课程和线下微课程，有利于达成企业培训的目标和优化培训效果。

（一）线上微课程

现在不少企业采用录屏软件、手机视频实拍等方式拍摄制作，也有一些老师通过语音的方式在个人网站或者微信上进行传播。

优点：线上微课程主要是指依靠互联网传播，学员在电脑或手机上观看和学习的一类微课程。这一类课程留存时间长，便于反复观看、学习，可以跳脱时间和空间的限制，让学员可以在办公室、公交车，甚至卫生间里学习，受到新生代员工的普遍欢迎。

不足：线上微课程的前期制作成本相对较高，对于制作微课程的人员也有一定的要求，既有课程开发、授课技巧、课件制作上的要求，也有音频、视频制作方面的要求。

（二）线下微课程

这类微课程其实古已有之，钻木取火、打草惊蛇、望梅止渴、一鼓作气……当你看到这些成语的时候，有没有感觉到这些成语非常具有画面感？古代人通过父子、师徒、亲友关系传授生活、生产的知识和技能。这种现场教学的方式，往往按照出现问题、分析问题、解决问题的模式开展教学，问题聚焦、耗时较少，学习的人常常当场就学会了，教授的人也往往能够马上验证培训效果。

优点：线下微课程主要是指传统培训方式，主要在相对固定的场所开展培训。这一类微课程在老师和学员之间面对面地开展，培训形式切实可感、互动性、指导性强，通常在培训当下就能够解决问题、提高操作水平。

不足：线下微课程对于老师的课程设计能力、课程讲授能力、现场把控能力、操作指导能力要求较高，课程内容不易留存，要求学员在同一时间、地点开展培训，组织难度相对较大。

在设定微课程开发时，可以根据培训目的、培训内容、互动要求、学习频率、学习地点、学习时间等因素考虑采用何种微课程传播形式，主要可以分为以下四种。

1. 在线点播微课程

在线点播微课程适合内容相对固定的课程内容。

如果这些内容仅需要学员了解，不需要学员实时互动，且企业组织学习的频次较多，而学员相对分散，不便集中学习，那么点播微课程就非常合适。

基础知识类、工作流程类、操作技巧类的课程内容较为合适在线点播这种课程形式。

【常见课程】

★《企业内部用章申请流程》

★《如何报销差旅费》

★《企业Logo使用规范》

2. 在线直播微课程

当企业出现突发问题需要马上解决,而授课老师和学员又身处异地时,在线音、视频直播的微课程便可成为首选。

【常见课程】

★《发动机连杆轴承异响故障排除》

★《野外作业心肺复苏急救》

3. 线下微课程

线下微课程在生产过程当中最为常见。当生产、经营过程当中出现问题时,人们往往就是用微课程的形式马上解决问题。在传统的生产型企业中,师带徒的形式其实就是利用线下微课程来传授知识和技能。

4. 线上 + 线下微课程

这一类微课程的形式结合了线上、线下微课程的特点,既完成了培训目标,又缩短了培训时长,减少了培训投入,"线上+线下微课程"极有可能发展成未来主要的培训类型。按开展培训先后顺序细分,可分为以下三种:

(1)线上-线下型。培训组织者可以要求学员在线下培训开始前,在线学习相关的知识和技能,形成初步的认识,进行预学习、预练习,再在线下对学生逐一进行训练或检验。

(2)线下-线上型。培训组织者也可以先开展线下培训,在培训完成后让学员在线上重温学过的知识和内容,同时进行在线考核。

(3)双线并行型。老师在现场开展培训时可以调用线上的微课程资源，对线下微课程进行补充。同时，学员在线下课程结束后依然可以通过电脑或手机回顾线下培训时播放的线上微课程内容，使知识点和技能得以进一步的内化。

第二节　如何找到课程立题的关键所在

一些企业在开发微课程的过程中，往往先是找到有授课经验，或者做幻灯片不错，或者主持得好，或者仅是普通话不错的员工，看看他们能对什么内容感兴趣，就组织他们动手开发了。

这样做，虽然开发出了一批微课程，建立起了所谓的微课程体系，但是这样的微课程体系却缺乏科学的课程体系，或者不全面，或者忽略了企业时下最需要开发的课题，不是明智之举。

因此，在动手开发微课程前，必须做好立题的工作。

一、课程立题，名之有道

课程立题是课程方向的导航系统，能直接反映出给什么人讲课、讲什么课程、怎么讲课、学员能得到什么收益。

微课程的名称一定要直接告诉听课的人是否是自己需要的，课程主要教什么内容，并且是用什么方法让听课的人达到相应的结果，这就是课程立题需要达到的"名之有道"。

如"企业内训师授课技巧训练"这个课程标题直接说明了给企业内训师讲课，教企业内训师授课技巧，老师在课程中用哪些方法讲课。

如"无折无卡业务取款操作流程"这个课程标题直接说明了是为需要办理"无折无卡"业务的人讲课；讲的是"无折无卡"业务中怎么办理取款的课程内容；因为有了"操作流程"四个字，在课程技巧的要求中充分说明了是在课程中边讲边演练。

【训练】微课程立题

在立题时可以参照立题的三大主体进行开发和训练：

课程对象：_____

主要内容：_____

授课方法：_____

课题名称：_____

二、学习目标，行之有效

目的，是对所预期的结果进行一般申明，而目标是对详尽的结果进行具体阐述。如果说培训目的是课程开发的目的地，那么学习目标就是去往目的地的具体路径和要达到的效果。

学习目标，是指在课程结束的时候，在怎样的条件下，学员能够完成什么任务以及完成到什么程度。

（一）明确微课程类型

成人学习带有很强的目的性，在接受知识和技能前，需要清晰课程能够帮助他获得哪些知识、提升哪些技能，能够让学员做到什么、达到什么效果。

有些开发者把一个本该让学员知道的内容，加上了大量训练，偏离了培训目标；有些开发者把让一个本该让学员做到的技能，简单一说就结束了，漏掉了训练和纠偏环节，学员知道却做不到，更谈不上习惯性做好；有些开发者把制度、态度影响巨大的内容也放到微课程里讲，无法解决现有问题，反而造成了更大的麻烦。

因此，在正式动手确定课程目标、撰写课程大纲、制作相关教学材料前，请务必明确你的课程是知识普及类还是技能操作类。

（二）目标编写ABCD法

在课程开发领域，美国学者马杰（Robert Mager）在《程序教学目标的编写》中提出的三要素可谓众人皆知，在其观点上延伸出的教学目标撰写"ABCD"被广泛使用。

A（Audience）——对象：教学对象；

B（Behavior）——行为：通过学习后能做什么；

C（Condirion）——条件：上述行为发生的条件；

D（Degrre）——标准：合格行为的最低标准。

例："学员借助设计好的结构化面试表，通过运用STAR的面谈技巧，获得候选人的真实项目运作信息"：

A——学员；

B——运用STAR的面谈技巧，获得候选人的项目运作信息；

C——借助设计好的结构化面试表；

D——真实信息。

（三）目标编写简化法

我们以多年在企业开发与设计课程的实战经验，结合大多数课程开发与设计者的知识结构和学历情况，总结出基于中国语言环境下撰写教学目标的"动宾"简化法。

学习目标=行为动词+宾语。行为动词，用来描述预期的认知过程；宾语，名词，描述预期学生学习的或建构的内容。

该方法提取了ABCD法中的BD，即行为+程度；在企业微课程中对象和条件可以省略，因为对象是想当然的存在，而条件往往是课堂现场需要完成的，也可以省略。

例："无折无卡业务取款操作流程"。

学习目标：学员能够说出并使用手机银行APP"无折无卡"业务取款操作流程，并能够指导客户使用该业务。行为动词：说出并使用、指导。宾语的名词：手机银行APP"无折无卡"业务取款操作流程、客户及该业务。

微课程往往是场景化清晰、指向性明确的课程，可以直接使用学习目标的"动宾"简化法。

【训练】微课程学习目标

1. ABCD法

   _____

   _____

2. 动宾简化法

   _____

   _____

虽然微课程的体量小、时间短，但开发流程和环节一个也不能少。我们说，课程立题是知方向，只有明确了方向才能有的放矢地解决问题。

只有找到课程立题的关键才能确定课程的整体结构，包括对课程名称、课程方向、课程目的以及课程影响到的人和事的确定，只有确定以上各项内容，才能有的放矢地进行后续开发。

第三节　如何确定课程大纲、小节内容

如果把开发课程比喻成一棵竹子的生长，那么课程立题则就是春日的竹笋。当竹笋从土壤里破出，生发出竹竿、竹枝和竹叶时，课程的立纲和立节就完成了。

前面我们解决了立题知方向，这个部分我们解决立纲的模型搭建、立节的知识落地，也就是如何做到立纲知模型、立节知落地。

一、课程主体内容从哪里产生

（一）应需而生

企业微课程的开发是针对明确的课程需求，进行课程内容的开发与编写的过程。课程需求源于企业要达成的学习期望，或者是部门、员工希望通过学习解决的问题。

在课程开发中，通过什么样的方式能够提升学员的动机？设计什么能让学员感觉课程是有用的？这些数据最直接的体现方式就是培训需求调研。

在调研过程中，我们建议你了解：第一，企业/部门业务相关的需求，思考这个课程能够在哪些方面帮助到企业业务发展；第

二，现状与达成业务差距的需求，即调研需要聚焦到受众的现在绩效行为上的差异；第三，学员达成绩效的能力需求，即需要解决学员提升什么样的知识和技能来解决问题；第四，学员学习动机需求，即要对学员的兴趣、自信和学习风格等有所了解。

课程开始之前，通过发放《简易课程需求调研表》(如表1-4所示)收集企业以上几种需求信息，可发放给每一个可能参与的学员，也可以选择性发放该调研表格；调研表的最佳回收时间是表格发放后30分钟。

表1-4 简易课程需求调研表

课程名称：
访问对象姓名：   电话：   职位：
在该业务/知识领域中有哪些常见困惑？（本栏未填满6项无效） 1. 2. 3. 4. 5. 6. 7. 8.
在该业务/知识领域中想学到哪些内容？（本栏未填满6项无效） 1. 2. 3. 4. 5. 6. 7. 8.

微课程开发前的培训需求调研不仅限于问卷调查法，还可采用观察法、体验法、单据分析法、报表分析法、访谈法、需求调研会法等多种方式来进行。

（二）内容罗列

培训需求调研信息整理的精细化程度直接决定了调研信息的有效性，也直接影响到微课程开发设计者的课程开发方向和授课艺术效果。

1. 需求汇总分类

第一步：将收集到的需求分别填入"学员需求汇总表"（如表1-5所示）。

表1-5　学员需求汇总表

编号	学生学习需求及关注热点	人数
1		
2		
3		
4		
5		
6		
7		
8		
9		
10		
11		
12		
13		
14		

（续上表）

15		
16		
17		
18		
19		
20		

第二步：在相同内容需求重复时，只进行需求人数增加即可。

第三步：遇到与本微课程内容无关的需求，将其另行填写在"备用课程需求汇总表"上（格式与"学员需求汇总表"相同）存档备用。

第四步：信息汇总一定要进行需求内容文字整理，确保整理文字表达条理清晰。

第五步：汇总后信息往往会比较多，很难通过一个微课程解决问题。我们可参照表1-3对拟开发的微课程课题进行优选排序。

需求汇总分类的过程往往就确定了这门微课程开发的呈现形式。要让课程有效就要做好充分的课前调研，了解企业和学员对培训所有重点问题的把握，根据课前调研充分进行课程开发和设计，才能保证课程的质量。

2. 讲师自身经验

进行微课程开发时，微课程开发设计者还可根据自身在该业务/知识领域的经验进行相应课程内容补充和调整课程时间分配比。也就是说，微课程开发设计者必须是该业务领域的研发专家或实战专家，否则其开发出来的微课程就可能会浪费资源、浪费时间。

还有一些微课程的开发源于讲师自身在某一领域的经验，经过实践论证或提出新观点而形成的具有讲师品牌化和标签特性的内容提炼，也形成了这类课程的主体内容。

3. 内部专家请教

俗话说"三人行，必有我师"，在企业内部这种情况最为常见。

微课程开发和设计者可以向企业内部在该课程业务领域的专家寻求支持，可以请这些内部专家当智囊团，一起讨论，寻求合适的建议，以获得在该业务领域中多维度的补充经验和强化该课程方向，避免只采取单一说法，以免过于主观。

（三）原生知识

对于原生知识，微课程开发设计者可凭借企业已有的知识系统，根据自身经验和内部专家的补充，进行二次迭代的课程开发与设计，也可根据该内容中适合微课程开发的部分进行微课程形式的呈现。

需求分析是任何课程开发的第一步，一门课程的产生源于需求，课程的立题确定源于需求，课程的主体内容同样源于需求。只有课前充分了解目标学员的需求，才是课程内容有效的根本保证。

穷尽该主题内知识、技能、态度和达成学习目标的所有内容，提取规定时间单元内的所有学习要点，找出各学习要点之间的内存关系；按照一定的逻辑规律进行排序，形成课程的大纲模型；

对要解决的问题分析透彻，才能建构出微课程整体的知识体系框架，这才是课程主体内容产生的关键之所在。

二、内容安排有哪些逻辑可用

有些课程内容，学员一听就非常清晰、通俗易懂；可有些课程内容，学员听到最后都没搞明白重点讲了什么。不同的逻辑安排，让教学结果出现了千差万别，有的学员听明白了还能记得住，有的学员记的和老师讲的不一致，有的学员完全不知道老师讲的是什么。

要解决这一问题，我们不妨先思考一下自己学习的习惯是什么。

你有没有发现，成年人的学习特点往往是喜欢对事物进行归类和组块？或者是喜欢找出内容之间的逻辑关系便于记忆？也有可能在把别人告诉我们的信息结合自身过往的经验基础上进行理解？

所以，课程开发者和培训师，在课程内容安排上一定要考虑以下四点：内容要便于学员记忆和理解；帮助学员培训后多线索提取内容；易于课程过程中的引导和讲解；便于课程内容的提炼和取舍。

基于以上四点思考，本书为大家推荐微课程开发过程当中常用的以下三种逻辑排序。

（一）顺常规三大纲逻辑

顺常规逻辑排序要求课程内容的知识系统完善、条理逻辑清晰，且每个大纲都承上启下、环环相扣。这也是大多数课程开发者和教育工作者最常用到的一种逻辑排序。

排序的方式有很多种，常见的方式有：时间顺序、空间顺序、重要性顺序、从简单到复杂顺序、从一般到具体顺序、从小到大顺序、问题解决流程顺序、工作任务执行顺序。

微课程开发的顺常规三大纲逻辑，由以下三个部分组成。

1. 为什么

"为什么"是课程的起源，也就是这个课程是为什么而产生的，通常是告诉学员为什么要掌握该项技能，或者该知识的核心价值有些什么。该部分的重点就是在课程一开始就抓住学员的注意力，提升学员对内容的重视程度和学习热情。

一般是指"课程的目的、意义、重要性""课程概述"或者"现状及问题""痛点"等内容。

例如，【案例1-1】的第一个大纲就可以是"无折无卡取款业务的重要性"，或者"该业务现状及问题""无折无卡取款业务的目的"。

2. 是什么

"是什么"是解决前面"为什么"大纲的问题而产生的大纲。在微课程中通常是掌握该项技能有哪些知识、理论要点及其详细要求有哪些。一般指"概念""操作流程""标准/规范"等内容。

例如【案例1-1】的第二个大纲为"无折无卡取款业务操作流程"，或者"无折无卡取款业务操作标准"。

3. 怎么做

"怎么做"是实际操作该项技能的具体实施步骤、实施的要点的执行训练。讲完前面的大纲，引发了学员对内容产生的重视，在知道是什么之后，马上进行实际操作训练，这样就形成了理论带动操作的培训。

"怎么做"决定了课程的执行力度，课程是否落地，学员能否学到预期的知识，都看这一大纲是否做得好。一般分为"技巧训练""示范及训练""流程训练"三步骤。

例如【案例1-1】的第三个大纲为"无折无卡取款业务操作流程训练"，或者"无折无卡取款业务操作流程示范及演练"。

顺常规逻辑的这个三组合是微课程中最为经典的逻辑排序方式，结合学习领域知识、态度、技能可以表示为"2W1H"的三大纲模式。

Why——为什么：为什么要掌握该项技能/其价值，这属于态度类。

What——是什么：知识和理论要点及其详细要求，这属于知识类。

How——怎么做：技能项目、实施步骤和实施要点，这属于技能类。

这种逻辑在微课程中非常广泛，而且所有课程都可以使用这种逻辑进行开发和讲授。

【案例1-3】《无折无卡取款业务培训》顺常规逻辑课程大纲

我们以【案例1-1】产生的《无折无卡取款业务培训》课程为例，该微课程依据三大纲逻辑整理后，课程大纲内容如下：

大纲1——无折无卡取款业务的目的

大纲 2——无折无卡取款业务操作标准

大纲 3——无折无卡取款业务示范及训练

【案例点评】

这个大纲的设计无论是线下的微课程，还是线上的微课程，都非常清晰明了，尤其是在企业快速推进某项业务和持续多人次培训中，确保员工在该技能操作过程应用无误。

【训练】顺常规"2W1H"的三大纲逻辑

每门课程开发出一套该逻辑的大纲，在讲课时形成一张独立幻灯片。

课程名称_____

（为什么）大纲 1：_____

（是什么）大纲 2：_____

（怎么做）大纲 3：_____

（二）垂直逻辑

垂直逻辑是指企业在岗位上的某件事情有标准的直线操作流程，并且在实际操作中不可以颠倒顺序和改变标准的一种逻辑。

为提升岗位技能，结合工作流程步骤、方法、标准而设计开发出的技能操作课程，我们将其称为企业岗位操作流程课程，就是基于垂直逻辑而架构。

步骤细分的程度决定了垂直逻辑课程的质量和课程开发的时间，将操作步骤分拆得穷尽，才能确保微课程在一定时间内达到更好的效果。

垂直逻辑是顺常规逻辑中的一种，在企业岗位操作流程类型的微课程中使用最为频繁，是微课程开发中最容易开发的一种课程类型，也是企业原生课程最主要的一种微课程开发逻辑。

【案例1-4】《无折无卡业务取款操作流程》垂直逻辑大纲

借用【案例1-1】某银行手机银行APP的《无折无卡业务取款操作流程》原生内容进行提炼，形成该微课程垂直逻辑大纲如下：

（1）第一步　登录取款界面

（2）第二步　选择预约取款

（3）第三步　获取动态验证码

（4）第四步　预约取款金额

（5）第五步　预约取款处理

（6）第六步　预约取款确认

【训练】垂直逻辑大纲

每个课程开发出一套该逻辑的大纲，在讲课中形成一张独立幻灯片。

课程名称_____

大纲1：_____

大纲2：_____

大纲3：_____

大纲4：_____

大纲5：_____

大纲6：_____

（三）花田逻辑

花田逻辑，是在企业岗位问题分析与解决型课程开发中常用的一种形式。

世间问题有一果多因，也有一因多果。要解决一个问题，有时需要先行破解若干个与之相关的小问题。这些小问题之间，有时候关联性并不很强，但缺一不可。解决哪个小问题的先后顺序也并不关键，但必须逐一解决。

这一类问题的课程逻辑形式，就可以使用花田逻辑。看上去课程里的每个内容知识点之间没有直接关联，要分别解决单一问题。但大问题的解决，有赖于这些内容知识点被一一攻破。

花田逻辑排序，一般适用于即时性产生的问题，在最短时间内让学员学到知识并解决问题，该逻辑在微课程的开发中针对性非常强也非常实用，但对老师的实战能力、专业技术手段、捕捉信息能力要求较高。

微课程源于解决企业已然存在的问题、避免即将出现的问题，从而提高绩效水平。培训的受体是学员，只有学员学到了、学到位了、知道做了，课程才有效。那么，课程开发者在课程内容的安排上必须考虑学员因素，让学员更容易学习，确保每一个知识点之间的关联性，使得信息模块能够有逻辑地传递。

一门好的课程如果没有相应的规律和逻辑，课程效果必定遭到人们的质疑。只有找出学习要点之间的内在关系，对学习要点进行提炼、排序和建模后才能便于学员记忆达到切实的学习效果，才能真正做到以学员为中心。

这，就是立纲知模型。

三、小节内容如何选取、安排

微课程中的小节内容就是大纲内容在操作中的具体步骤和知识点，它保证了每个小节知识都能有效地进行深度挖掘，保证了课程内容的细化，保证了课程知识在应用中的有效落地。

（一）小节内容的选取方法

1. 学员需求应对法

确保每个内容都是根据学员需求而生，并且小节内容直指学员需求的问题用什么方法、流程、标准来解决。该方法是所有课程开发人员在进行课程开发的第一方法。

2. 原生知识借用法

借用已有的原生知识作为微课程小节内容的母本，有利于加快微课程整体架构和知识积累的进程。

3. 企业知识转化法

将外部学习的先进知识和方法内化为本企业的知识和方法；将本企业内部资深员工、专家经验进行提炼，并转化成理论教材得以固化知识传承。

4. 书籍资料参考法

查阅相关书籍、资料中的学术理论和成熟观点，提升课程理论学术内容和实战权威性，是加强课程系统性非常重要的一种方法。

5. 移花接木妙用法

将经典故事、时尚元素与主体内容巧妙结合、改装，然后应用到课程素材中。以提升课程的艺术性，激发学员兴趣，建议课程中不重要内容使用该方法。

（二）小节内容的设计安排

将小节内容开发结束后，将小节所有内容按知识性内容、应用性内容进行区分后，依据授课对象、课程时间、课程呈现形式进行设计安排。

1. 知识性内容

如果是重点内容，要采用讲解、提问、举例、考试等方法设计安排；如果是非重点内容，只需采用简单讲解、学员读片、集体朗读等方法进行设计安排。

2. 应用性内容

凡应用性内容一定要做好训练计划，安排纠偏环节。

由于时间限定，微课程的应用性内容培训目标可以设定为当下知道、做到，学员在往后的学习、训练和工作中习惯性地做好。

【案例1-5】《无折无卡取款业务培训》课程大纲

微课程时间：10分钟　　　　　主讲人：张××

大纲1. 无折无卡取款业务的目的　　预计用时2分钟

（1）企业业务发展需要

表 1-6　微课程大纲、小节开发表

课程名称：
课程时间：(　　)分钟　　　　开发人：
大纲拟定
一、大纲 1._____ （1）_____ （2）_____ （3）_____ （4）_____ 二、大纲 2._____ （1）_____ （2）_____ （3）_____ （4）_____ 三、大纲 3._____ （1）_____ （2）_____ （3）_____ （4）_____

（2）员工绩效考核必备技能

大纲 2. 无折无卡取款业务操作标准　　　预计用时 1 分钟

（1）第一步　登录取款界面

（2）第二步　选择预约取款

（3）第三步　获取动态验证码

（4）第四步　预约取款金额

（5）第五步　预约取款处理

（6）第六步　预约取款确认

大纲 3. 无折无卡取款业务示范及训练　　预计用时 7 分钟

（1）讲师分步示范

（2）学生现场训练

第四节　微课程开发不能这样搞

一、把微课程拍成流水账

【案例1-6】流程类微课程不是流水账

2019年初，一家大型生产企业着手上马微课程项目，开篇之作放在了生产流程上。他们希望通过将固化多年的生产流程拍成微课程，在新员工入职时可以省去不少的培训时间。

于是，他们采购了一台高清摄像机，派出了三名内训师从总部奔赴远在一百多公里以外的工厂，全身心地投入到微课程的摄制工作。三个人来到工厂，拿着其中一部工种的工作流程手册就开始了拍摄。

可是，当微课程项目组在工作了 15 个工作日，几经周折把成品提交上报的时候，曾经意气风发想借此大展拳脚的培训经理却是一筹莫展。让他苦恼的，不单是他对项目组提交的三门微课程不满意，更重要的是分管人力资源工作的副总裁对他主导的微课程项目进行了全盘否定。

这家企业最后找到罗晓老师，希望通过科学的诊断，发现问题并有效解决。

【案例点评】

在了解这三门微课程的制作流程、拍摄过程和采编工具后，罗晓老师认为主要问题出在了课程的结构上，他们把微课程拍成了流水账，以为操作流程的课程就需要从第一步到最后一步，一个环节不落地拍完。但是这样流水账似的微课程容易让人看起来觉得枯燥乏味，没有重点，难以留下深刻印象。

二、用微信授课不是微课程的全貌

近年来，微信以其操作简便、功能实用、交互性强、用户量大的特点日益受到人们的青睐。一些老师利用微信群与学员互动，用语音直播线上课程。一些名课或名师在直播时，经常使用多个微信群同时直播，学员受众可以多达上万人。

不能否认，在微信上呈现的不少课程确实是微课程的一种，因其具备了微课程的基本条件。第一，基本要素齐全。有明确的课程主题、授课对象、课程目标、授课老师等基本要素。第二，基本环节齐全。有清晰的课程开场、内容展开、课程收尾等课程基本环节。第三，课程时间较短。课程时间短，内容相对集中，针对具体问题展开课程讲授。

但是，具备以上条件的课程绝不仅仅只在微信上讲授。毕竟，微信只是微课程传播的渠道之一。如果将在微信上讲授的课程简单粗暴地定义成微课程，恐怕并不全面。

三、直接截取现场培训视频

【案例 1-7】变成了"电视剧"的微课程

从 2010 年开始,一家大型国有企业开始对所有外请的老师课程进行拍摄。6 年下来,他们积累了将近数百门课程。随着互联网的发展,企业培训的方式也在发生转变,2017 年他们决定开始试水企业网络商学院。

成立了企业网络商学院之后,他们做的第一件事就是把之前拍摄的数百门课程截取出片段,变成了上千个 1~1.5 小时一集的视频,配合着老师留下来的学员版课件一并放到网上,给员工们在线点播学习。

他们认为这样做可以降低培训成本,盘活了既有的资源,不用专门组织学员到教室学习,学员在自己的办公室或者所在车间里就可以学习到企业要求他们学习的基本技能,也能挑选自己感兴趣的知识学习。

企业网络商学院上线之后,这家企业开始减少线下培训的数量,并且配套出台了一些政策文件,要求员工必须在一定时间之内上网学习一定量的课程,可是他们发现收效并不理想。

【案例点评】

其实线下培训与线上的微课程有着本质的区别,培训必须遵循科学的规律,如果直接把线下培训课程搬到网上,就可能起不到好的效果。

一般来说，现场培训课程设计了大量互动环节，让学员在参与中产生自己的想法观点，或者凭借互动环节提高相应的操作能力。但是仅仅是把这些视频截成片段放在网上让学员学习，并不设定纠偏、检查和考核环节，那么学员是否真正学到知识、个人的操作能力是否真正得到提高、学习过程当中是否出现了偏差，这些问题是很难有准确答案的。

四、截取 E-Learning 课程片断

有些企业在启动微课程项目的时候，从既有的 E-Learning 课程中截取了某些章节，放到微课程播放平台上，以为线上微课程就是把线下课程微缩成短小片断。

但是，当学员用手机打开课程视频的那一刻，恐怕他们的内心是崩溃的。E-Learning 的形式决定了三分屏的视频构图，而幻灯片上的文字根本无法清晰地呈现，更别说授课老师即时手写的内容了。

五、讲稿直接转成幻灯片

一些企业上马了在线商学院后，把一些成熟的线下培训讲稿一字不落地贴在了幻灯片上，希望通过学员自主下载幻灯片来学习。以为这种方式既可以把原有的成熟课程"复刻"到线上，又可以在短时间内丰富线上商学院的课程内容。

人们都说"有图有真相"，在图像、图片面前，再精彩、华丽的文字都会变得暗淡。所以，这类文件在线上的点击量和评价自然不会很高，使得一些本可以创造出精彩课程的主题内容被淹没在了看似枯燥的文字里。

第二章

微课程的标题如何吸睛

第二章 微课程的标题如何吸睛

人们常说"看书先看皮,看报先看题",那是因为文字的魅力可以化腐朽为神奇,可以让平淡无奇的事物一秒变得高大上起来,可见标题对于作品的重要作用。

可是,有些老师在给微课程命名时,只考虑到自己要讲什么内容,非常直白地拿内容当标题,让学员一看到标题就觉得索然无味;有些老师为了哗众取宠,给微课程取了一个谁也猜不出是什么内容的名字,让学员看到标题觉得莫名其妙、不知所云;当然,也有一些老师掌握了科学的命名规则,在给课程命名的时候充分考虑到学员的心理,让学员一看到课程名称就对课程充满了期待。

过大过空、缺乏趣味、过于直白、没有温度、表达不当、字数过多,这些问题是老师在对微课程命名时常犯的错误。

有一位老师开发出了一门新的微课程,取名《三招管好"90后"新员工》。要知道"90后"已近而立之年,在社会中开始挑起大梁,在企业成为管理者角色。这样的课题不仅让"90后"管理者觉得别扭,也会让"90后"员工觉得难受。如果改为《三招帮助"90后"新员工迅速成长》,整个课程标题就让人觉得充满了阳光,有着积极正面的感受。

给课程标题来点新意、留些悬念、巧用对仗、借古喻今,都是吸引学生眼球的好办法。只要用心琢磨,加强修炼,老师就能在短时间内把微课程的标题制作得趣味盎然,为微课程的顺利推进铺平道路。

第一节 必须重视微课程命名

一、为什么要花心思制作课程标题

(一)把"外貌协会"变成"局内人"

最近,听到有人说这个世界的人都是外貌协会的,长得帅的人在应聘时容易被录用,长得美的人在犯错时容易被原谅,身材匀称的人容易"脱单",就连食堂大叔也喜欢给长得乖巧的女孩多打红烧肉。

这大概说的是第一印象发挥出来的效能有多么强大。人们通常偏向于给自己留下良好印象的人和事寄予美好的期盼,希望他们在今后的时间里也能给自己带来愉悦的心情。

因此,一个好的标题可以让学员对即将学习的课程有所期待,让学员以课程"局内人"的身份走进课程内容,随着授课老师的讲授顺利地学到知识、掌握技能。

(二)可以一秒钟撩起受众的兴趣

不知道你在浏览新闻网站的时候,有没有过这样的经历?当你打开新闻网站的首页，面对着大大小小的新闻、各式各样的信息、林林总总的图片，你有一种不知所措的感觉，看了半天也没有找到你所感兴趣的信息，于是你顺手操起鼠标对准浏览器右上角的那把小叉，无情地点了下去。这一刻仿佛全世界都安静了，你又开始继续去追寻你所想看的那些信息了。

如果说，某个标题里面所蕴含的文字多达数十万字，但是因为标题没有取好，很有可能这数十万字都不能够让读者看到。对于作者来说，世间最大的悲哀莫过于此。

不仅在网络媒体有这样的规律，在其他媒体也是如此。当我们拿起一张报纸，首先看的就是各条新闻的标题。如果哪条新闻的标题让我们产生了兴趣，那么这条新闻的主体部分才有可能被我们仔细阅读。当我们拿起遥控器轮番转换电视台的时候，只有看到了感兴趣的内容时，我们才有可能停留在这个频道上。在电影圈，也有不少译制片，因为片名的翻译问题被不少观众错过。《放牛班的春天》《三傻大闹宝莱坞》《建筑学概论》这些电影，就曾被人们戏称为是"一流的电影三流的片名"，差点就与经典失之交臂。

我们在接触微课程的时候，一般首先看到的是微课程的主题。微课程的主题是否可以引起受众的兴趣，将直接影响微课程的内容是否能够得以顺利展现。

（三）如果没有读者 你的作品只是代码

在信息四处"泛滥"的时代，我们无时无刻不在遭遇着各式各样的消息。这让我们在接收一些跟自己关联不大的信息时，采用了选择性无视的方法自动屏蔽。

因此，如果一位作者写了近十万字的文章，但是因为标题没有取好，让读者缺乏点击链接进去看详情的兴趣，很有可能就错失了成千上万的读者。如果没有阅读，你的文字作品就只是文本；如果没有学员参与，你的线下微课程就只是一张张幻灯片和教案；如果没有学员观看，你的线上微课就只是一组组由 0 和 1 组成的代码。

二、衡量好标题的标准是什么

有的老师在制作标题时，半天拿捏不定，不知道用什么样的标题作为自己微课程的名称才好；有的老师直接把课程的核心内容当成了标题，压根儿就没有想过制作标题需要花心思，更说不上花精力去衡量标题的好坏；当然，也有一些老师在制作标题时信手拈来，而且不乏一些神来之笔，让整个课程瞬间就变得高大上起来。

其实，好的微课程标题并非可遇不可求，只要把握住制作标题的规律，勤加练习，相信你也能够制作出一个好标题。一般来说，一个好的微课程标题通常具备以下三个特征。

（一）直抵学员需求

近年来，"一切不以解决学员实际问题的培训都是耍流氓"这句话在培训界广泛传播，无论是采购培训的组织还是提供服务的教育培训机构，无论是担任授课的老师还是参与学习的学员，都非常认可这句话。

培训课程需要解决学员的实际问题，因为这样的课程才能真正地受到学员欢迎。培训课程的标题要直抵学员的需求，因为这样的标题能够引起学员的关注。如果微课程的标题能够直戳痛点、难点、关键点，激发学员对于课程的好奇心，那么让学员关注这门微课程就不是什么难事了。

【经典案例】

★《这样催单　老王月薪10万》

★《绝对成交　会销就靠这三招》

★《这样做　你的PPT就不会丑》

（二）反映课程实质

如果说眼睛是人类心灵的窗户，我们可以通过观察对方的眼睛看到他的内心世界，洞察他的喜怒哀乐，了解他的为人处世的方式，那么毋庸置疑，标题就是一门微课程的眼睛，我们可以从标题当中看到这门微课程要讲什么方面的主题，适合什么类型的对象，我们可以从这一门微课程当中学到哪些知识或者技能。

【经典案例】

★《市场销售人员差旅费报销流程》

★《电话座席三招搞定"专投"客户》

★《老司机让你在移车入库界成为"一把手"》

（三）巧用文学素材

中国文字是世界上最古老的文字之一。几千年来，中国人找到了让语言变得更加有意思的规律。从《诗经》到《楚辞》，从唐诗到宋词，大量的文学作品为我们制作标题提供了丰富的典故、传说和修辞手法。借用名篇佳句、名人名言，可以提高标题的文学性，让微课程的标题变得既文雅又有趣。

游佛流高
客灵泉秀
留显古岩
连笑井长

这是一首刻在石表山上的七言绝句，乍一看每句四个字，说的是石表山这个地方有一个高秀岩，高秀岩的形状很狭长，岩边有流泉和古井，这里的佛像很有灵气，游客因此流连忘返。

以上的16个字好像看不出有什么特别之处，都是如实地描写了石表山的风貌，但细心的游客很快就可以体味出其中奥妙——

游佛流高
客灵泉秀
留显古岩
连笑井长
留显古岩
客灵泉秀
游佛流高

诗句中的每一句诗从前往后读或者从后往前读，文字和意思都完全一致，这是中国古代文学作品中较为常见的顶真、回环手法。

　　游人在游览秀美河山时，除了能够饱览胜境，还可以体会到玩味文字的愉悦心情，对于美的收获是双重的。如果我们的微课程标题也能够采用修辞手法加以美化，那么课程的设计感将得以凸显，标题的优劣马上就高下立现了。

【经典案例】

★《望闻问切挑海鲜》

★《三招让石头变得秀色可餐》

★《巧语言花　高端客户鲜花销售五步骤》

第二节　课程标题的命名方法

一、标题命名的DNS法则

　　在互联网，DNS（域名系统）作为域名和IP地址相互映射的一个分布式数据库，能够使用户更方便地访问互联网，而不用去记忆被机器直接读取的IP数串。

　　我们的课程标题也有同样的作用，可以让学员第一眼看到标题时就清楚地了解课程实质，或者让他们产生浓厚的兴趣。所以，微课程主题一般可以从课程对象、课程内容、学生收益三个方面来命名。

　　对象、内容、收益三个词语的汉语拼音首字母分别是D、N、S。因此，我们将课程命名的规则称为DNS法则。

（一）D要素：课程对象

任何课程都要考虑到授课对象，不同的授课对象所学习的知识和技能结构是不一样的。只有搞清楚授课对象，课程设计才能精准。学员看到标题之后，才有可能对课程产生足够的兴趣。

以执行力的课题为例，高层的执行力培训往往侧重于决策力、配置力和监控力，而中层的执行力偏向于服从力、计划力、配置力、沟通力、教导力等方面，基层则更关注服从力、沟通力、协作力、行动力的培养。

对于高层执行力的微课程开发，我们可以从某一具体执行能力着手，将其聚焦在具体的情境里，产生一门新课程。如果没有考虑到授课对象的层级，一味地按照自己的想法去开发课程，那么听课的学员很有可能会对课程内容产生不满，让课程质量大打折扣，同时也可能降低培训老师的效能感。

因此，课程命题必须考虑到课程对象，没有考虑清楚授课对象的课程就容易造成失败。

（二）N要素：课程内容

在培训界有人说"内容为王"，从某种角度上来说有一定道理。如果一门课程离开了内容，只有老师和学员，那么教学目的将无法达成。在明确了授课对象之后，内容就不难框定，课程内容的逻辑层次也可以随之展开。

没有明确的授课内容，课程主题往往容易跑偏，甚至会让学生认为自己投入时间来学习是一种浪费。因此，制作微课程标题必须考虑内容范围。

(三) S要素：学员收益

学员收益应对着教学目的，是培训组织者希望看到学员得到成长和提高的部分，也是吸引学员参与学习和练习的重要组成部分。只有将学员变成局内人，让他充分感受到课程对他有帮助，才能全情投入到课程当中。

因此，学员收益也应当成为组成标题的重要元素。目前市面上采购量较大的课程，大多是叠加了学员收益这一元素进入标题。

二、课程命名的三大方法

(一) 内容命名法

内容命名法，就是将课程内容直接用作标题，课程内容一目了然。通用知识、通用技能类的课程就经常采用这种方法命名，因为这类课程适用范围较广，适合具有同样特质的人群，他们可以是一个企业的全体员工，也可以是不同企业从事同一种工作的员工，还可以是同一行业的从业者。

【常见课题】

★《公务用车申请流程》

★《章章有效——公司用章申请流程》

★《两分钟让你了解"一带一路"》

(二) 课程对象+课程内容命名法

从课程对象+课程内容命名法的命名方式来看，我们可以很容易看出课程对象和课程内容之间的关联。学员看到标题之后，对于课程可能产生的预期，心里会更加明了。相对仅用课程对象命名法命名的课程标题，学员对象的范围会更窄，显得更有针对性。

【常见课题】

★《物业管家初次拜访流程》

★《收银员假钞识别》

★《新员工如何申请企业邮箱》

（三）内容+对象+收益命名法

采用这类命名方法制作的课程标题，容易让学员看到培训前后的差异，更容易突出培训的效果，对老师开发课程也可以起到进一步明确思路的作用。

【常见课题】

★《五步骤让职场小白秒变销售精英》

★《黄脸婆变成小妖精只差这一步》

★《会填这张表 新员工请购不再难》

三、如何选定微课程标题

【案例2-1】《无折无卡业务取款操作流程》的新标题

本书第一章提供了【案例1-1】《银行大堂混乱的一刻》，根据前期调研，依照"中国三立课程开发与设计"课程提供的工具，我们开发出了《无折无卡业务取款操作流程》课程。

这门微课程不仅解决了单个网点员工操作流程不熟悉的问题，同时也为本行其他网点的员工提供了培训素材，得到了行领导的肯定。行领导要求，这门微课程的开发人员花心思进一步打磨，做成一个可以供本行员工和客户共同学习和观看的微课程。

于是微课程开发小组决定从标题制作着手，进一步优化微课程。他们按照微课程的标题制作方法，制作出不少标题：

* 《无折无卡业务取款操作流程》
* 《用手机见证奇迹——无折无卡业务取款操作流程》
* 《只要账户里有钱 不用存折不用卡也能取出来》
* 《拿起手机去取款》
* 《手机与柜员机的约定》
* 《妈妈再也不担心我忘带银行卡了》
* 《手机让银行卡和存折走进博物馆》
* 《只要六步 让手机取出钱来》

看到上述这些标题，他们却拿不定主意，不知道该使用哪个标题才好。后来他们找到罗晓老师，希望得到一些建议。

罗晓老师建议，从与使用者需求匹配程度、反映问题的准确性、文学性三个层面对课程标题进行赋分，然后再挑选出较为合适的新标题。

在遇到【案例2-1】《<无折无卡业务取款操作流程>的新标题》里描述的情况时，我们不妨利用表2-1给每个备选标题进行排名，根据排名情况来决定最终使用哪个标题。

表 2-1 微课程命名排序表

备选标题	匹配度 1~10分	准确性 1~10分	文学性 1~10分	小计	排名
《无折无卡业务取款操作流程》	10	10	4	24	3
《用手机见证奇迹——无折无卡业务取款操作流程》	10	10	6	26	2
《只要账户里有钱 不用存折不用卡也能取出来》	7	7	5	19	5
《拿起手机去取款》	10	7	7	24	3
《手机与柜员机的约定》	0	6	8	14	7
《妈妈再也不担心我忘带银行卡了》	7	5	7	19	5
《手机让银行卡和存折走进博物馆》	10	4	8	22	4
《就这六步 让手机取出钱来》	10	8	9	27	1

在这张表里我们设置了匹配度、准确性、文学性三个维度，每个维度的赋分区间是从1分到10分。从赋分情况来看，《就这六步 让手机取出钱来》和《用手机见证奇迹——无折无卡业务取款操作流程》两个标题分别是27分和26分，两者之间仅是一分之差，难分伯仲。

最终，银行将两个标题用在了不同的宣传渠道。他们认为，对内部员工来说，他们更强调流程的规范性，所以他们偏向于排名第二的《用手机见证奇迹——无折无卡业务取款操作流程》。他们也考虑到对外宣传时需要加强标题的文学性，这样可以吸引更多客户的关注，所以放在官网和微信公众平台上的微课程名称最终定名为《××银行就这六步 让手机取出钱来》。

第三节 优秀的微课程标题解析

【案例2-2】

《顽皮小孩虐杀神兽惨遭报复命丧黄泉》《妙龄女孩昏迷后被七个侏儒拖入森林》《青年男子不听劝告　酒后乱性肉搏猛兽》《新郎官深夜客死　新娘摧毁城墙只为讨说法》《铸成大错的逃亡爱妻啊　射击冠军丈夫等你悔悟归来》《我那爱人打工妹哟博士后为你隐姓埋名化身农民工》……

相信一些读者在看完这些标题后都会特别想看看这些稿子，想进一步了解到底发生了什么。是的，好奇心很容易促使人们提起兴趣，去探索即将到来的人和事。

但是，如果我告诉你，以上标题其实讲的都是我们耳熟能详的童话神话和小说里的故事，你会不会觉得大跌眼镜？

标题：《顽皮小孩虐杀神兽惨遭报复命丧黄泉》

内容：哪吒闹海

标题：《妙龄女孩昏迷后被七个侏儒拖入森林》

内容：白雪公主与七个小矮人

标题：《男子自负不听劝　酒后乱性肉搏猛兽》

内容：武松打虎

标题：《新郎官深夜客死　新娘摧毁城墙只为讨说法》

内容：孟姜女哭长城

标题：《铸成大错的逃亡爱妻啊 射击冠军丈夫等你悔悟归来》

内容：嫦娥奔月

标题：《我那爱人打工妹哟 博士后为你隐姓埋名化身农民工》

内容：唐伯虎点秋香

【案例点评】

怎么样？意不意外？惊不惊喜？没有一点点防备，也没有一丝丝顾虑，标题党就这样出现在你的眼前。标题党制作的标题，常常以读者的关注点作为切入，你想看什么他就给你什么，什么事物的矛盾冲突大他就写什么，什么事情让你意想不到他就怎么写，总有点语不惊人死不休的意味。

看完这些标题党的作品，在你忍俊不禁后，是否也曾想到借鉴这些方法让你的课程标题也变得"吸睛"呢？

且慢，我们向标题党学习制作课程题目，其实也是有底线的。"博眼球"的事要干，可不能"盲干"，我们要学的是方法和策略，而不是那些媚俗的低级恶趣味，也不能欺骗学员的感情。

色情、暴力、自私、黑暗等一类负能量的信息不应当出现在微课程标题里，过于夸张和哗众取宠的内容也应当杜绝，因为"狼来了"的后果大家都是清楚的。

让我们一起来研究目前常见的优秀微课程标题，看看这些课程为什么要这样命名以及这样命名好在哪里。

一、借用成语

（一）《慧眼识珠——这些内容都可以写成信息周报》

每周上报信息周报是不少单位的制度，但是在一些基层组织，信息员不清楚哪些内容可以写成信息周报，哪些内容是重要报送内容。这门微课程就是基于这样的情况而开发。

"慧眼"在佛教里是指能认识到过去和未来的眼力，现在泛指敏锐的眼力，用在这里可以让人联想到，听了这门微课程，自己可以准确判断哪些素材可以写成信息周报。

（二）《涣然冰释——让你的服务也会笑》

作为服务行业的工作人员，遇到矛盾和误会在所难免。在遇到这些问题时，如何做好服务，让客户瞬间变得满意起来，需要技巧。这门课程立足如何快速解决问题，提升客户消费体验，使用了"涣然冰释"这一成语。

"涣然冰释"语出晋·杜预《春秋（左氏传）序》，有嫌隙、疑虑、误会等完全消除的意思。使用这一成语，容易让人与提升客户服务质量的效果形成关联。

（三）《拨云见日——你不知道的国内信用证》

国内信用证是一种支付结算方式，在使用过程中，一些细节经常被人忽视，给买卖双方造成不必要的麻烦。

"拨云见日"的原意是指拨开乌云看见太阳，现在比喻冲破黑暗见到光明，也比喻疑团消除事情明朗。这个成语用在国内信用证的常见问题解决微课程里再合适不过了。

二、一语双关

（一）《就这么定了——美好生活从定投开始》

基金定投被称为"懒人理财术"，在不少银行都开办了这项业务。但是相对于一些没有听说或没有接触过的客户来说，如何确定理财方式、如何确定购买哪个基金产品等问题都是他们所关注的。

课题以"定"字作为双关语的落脚点，既有决定使用基金定投理财的意思，也含有确定选择具体产品的内容。

（二）《三句话让客户"降噪"》

常有人说电话座席，尤其是接听投诉电话的客服寿命都不会太长，因为他们每天的接收负能量太强了。这门微课程就是告诉座席如何在短时间内去掉沟通的噪音，让客户和自己的沟通变得更为平和。

"降噪"一词是标题双关的着眼之处，课程要降的不仅仅是声音上不悦耳的部分，更是要降低客户和座席心里的噪声。

（三）《图谋职场——职场中的思维导图》

"图谋"在《现代汉语词典》的释义中有"计划"的意思。职场的发展不仅需要机遇，也需要能力，思维导图便是提升职场能力的重要工具。"图谋"双关的不仅有对职场能力提升的计划，还有以图展开思维的能力，非常切合主题。

三、借喻类比

（一）《让工作飞起来——Excel高效办公技能》

世上能飞的东西很多，飞机、小鸟、风筝都可以飞，但是工作却不可以。标题借"飞"字的喻意形容 Excel 可以带来的效率提升效果，使用了比喻的手法。

(二)《不湿鞋的心智——国企廉洁风险防控就靠TA》

"常在河边走，哪有不湿鞋"这句话我们经常听到，但是作为国企领导，身处权力中心位置，遇到廉政问题的概率要比常人高很多。如何让这类学员对象做到"不湿鞋"，是这门微课程的主要内容。标题用"不湿鞋"喻"不犯错"，让人能够体会到标题命名的设计感。

(三)《"白骨精"秘籍——如何办理出差手续》

很多年前，人们把白领、骨干、精英这三类人群戏称为"白骨精"。在工作中，这三类人群的出差概率相对较高，但出差的手续却并不是每个"白骨精"都能办得准确无误。这门课程的命名巧借类比，让人"秒懂"了授课对象。

四、具象数字

(一)《360° 无死角——卖场节庆营销秘诀》

我们知道，圆规旋转360°正好可以画出一个圆，人们也常常用360°来表达周全、全方位、多角度的意思。这门微课程主要是讲如何利用节庆期间客户的特点，在卖场营造氛围，促进销售业绩的提升。这里的"360°"，指的是整个营销场所的每一个地方，颇有"让营销手段武装到牙齿"的意思。

(二)《三要素+三方法玩转电话营销》

虽说这些年电话营销的效果已经大不如前，但依然还是一些企业的重要销售渠道。如何利用大数据分析得出的信息，进一步挖掘电话营销的潜力？这门微课程告诉你如何用三个要素和三个方法达成。两个"三"被提炼成了课程的核心，便于学员记忆。

（三）《五"多"+五"少"——大堂经理变诉为宝》

在我们的生活中，投诉现象并不少见，但科学的应对方式却并非每个人都懂。课程的命名者将大堂经理应对投诉时应当具备的态度、行为总结成两个"五"，方便学生比对不同行为带来的不同效果。

五、借用名作题目

（一）《春风十里不如"即分"帮您》

《春风十里不如你》是2017年热播的情感剧，即分是银行信用卡分期业务的一种，满足特定客户在小额消费信贷方面的需求。课题命名者拿情感的温暖与生活的现实作反衬，展示出"即分"业务的易操作和及时性特点，有利于业务的推广。

（二）《党组织生活那些事儿》

《明朝那些事儿》这部作品的影响力不可谓不大，作者自2006年在网上首发以来就广受中青年读者关注，直到现在还常被人提起。微党课《党组织生活那些事儿》借这部"网红"大作的标题命名方式，吸引中青年党员学习。

（三）《弹指神功——四步设置信用卡自动还款》

《弹指神功》这部电影是赵雅芝、孟飞、关聪、吴孟达等人参演的电影，在20世纪80年代拥有不小的影响力。人们把喜欢玩手机的人称为"指尖族"，他们可以用手指在手机上快速操作。设置信用卡自动还款功能，往往也是通过双手在掌银或电脑完成。

课程命名者借用这部电影名，把客户自己动手办理信用卡自动还款业务的过程比喻成使用神功的过程，也是有些讨巧的意思。

六、热词热句

（一）《远离"尬聊"——解决投诉就这五步》

"尬聊"一词来源于网络，搜狗输入法字媒体对其释意：尴尬地聊天，气氛陷入冰点。对于有些人来说，好好聊天实在太难，碰到一个不会聊天的，分分钟把天聊"死"，但情境所需又必须要聊天，这样尴尬的聊天被网友们称为"尬聊"。

接听投诉电话是座席不得不做的工作，既不能主动挂断电话，也不可以不回应客户的问题，这让不少座席非常抓狂，"尬聊"成为他们的工作常态。

现下从事座席客服工作的基本都是新生代，他们谙熟"尬聊"深意，备受"尬聊"折磨。一提"尬聊"，他们都会有共鸣，好像有说不完的话题。

（二）《喜茶＋账户金＝任何可能》

"喜茶"是一种新式茶饮，受到不少年轻人的喜爱。课程开发者，通过分析喜茶的营销模式，结合自己营销的产品类型，变换出若干种营销技巧，给学员新的思维方式，产生新的启发。

（三）《妈妈再也不用担心我的胃溃疡了》

"妈妈再也不用担心我的学习了"这句广告语一经推出，便掀起了一浪又一浪的仿句高潮。人们常说"儿行千里母担忧"，妈妈担心的内容中必定有身体健康的问题。这门微课程的内容着眼于如何防治胃溃疡，正好回应了妈妈的担心，也借用了广告名句，容易引起学员关注。

七、半语引言

（一）《死里逃生 只因他每天都做这件事》

这门微课程讲了一名肉联厂的员工某天因为有工作没有处理完而最晚离岗，被同事反锁在冷库差点冻死的事例。这位员工每天上下班都跟门卫打招呼，这天门卫一直在等他的道别却一直没有等到，认为这天少了些什么。他意识到这名员工可能出事了，急忙四处寻找，直到在冷库里发现了这名员工。

这门微课程想表达的主题是与人为善，多做积极、正面的事情。但如果把标题定为"阳光心态"，那必定会失去不少学员的关注。

（二）《识别电信诈骗他只问了一句话》

电信诈骗的事在这些年屡见不鲜，还产生了不少"变种"。但不管怎么变化，电信诈骗的本质都基本一致。因此，识别电信诈骗可以通过一些共性方法完成。

如果识别电信诈骗的方法只需向对方提一个问题，相信不少学员都想知道。当学员想知道课程内容的时候，这个课程就已经成功了一半。

(三)《从丽质到励志 她每天坚持做这个》

这是美丽的故事,也是一个悲伤的故事,还是一个励志的故事,这门微课程分享了一个身材婀娜的姑娘变胖后如何通过努力减重成功的过程。其实,她的心得也没有什么特别之处,就是我们常说的"管住嘴、迈开腿",但是如果只是将内容简单地总结成课程标题,那么出现学员的兴趣度不高的情况也就不足为怪了。

八、前后反差

(一)《从新手到高手——PPT设计6小时法则》

有句话说得好,"想要做爷爷,你先给我当孙子",就是说凡事都要经历成长的过程,幻灯片制作高手其实也是从"菜鸟""小白"成长起来的。这门微课程总结了专家成长过程的经验,告诉幻灯片制作新手如何通过定期、定量、定主题的练习成长为高手。

(二)《让"死"客户"活"起来——三步激活你的"僵尸粉"》

通过朋友圈、公众号、微博"圈粉",是不少企业和公众人物的重要营销环节。但是,如何将大量被圈粉的客户变现,这却是个难题。通过三个步骤活化"粉丝",让死气沉沉的营销变得活泛起来,这一变化正是这门微课程的立意。

(三)《告别混沌要清晰——年终汇报需要这么写》

"年终总结年年写,年年总结总一样"的现象也并不少见,

"举头望明月，低头写总结""洛阳亲友如相问，我在低头写总结""万水千山总是情，不写总结行不行"这样的集体狂欢常常在岁末年初刷屏。

这门微课程旨在告诉学生如何厘清思路，让年终总结写得自己清楚、领导明白，写得有质、有量、有提高，从混沌的写作状态提升到清晰的写作思路。标题注明的前后反差，正是学员想要的结果。

第三章

微课程的讲授方式

第三章 微课程的讲授方式

一个男孩喜欢上了一个女孩，便向她表白。女孩拒绝了，她说："我整整比你大1岁。"

男孩说："我1个月时，你13个月，你是我的13倍。我2个月时，你14个月，你是我的7倍。我1岁时，你2岁，你是我的2倍。只要你愿意和我永远在一起，我们总在慢慢接近。"

这是近日流传在网上的一则段子，相信有不少人会为男孩的坚持和睿智所折服。如果真有两位情侣因此成为一对，恐怕世间又会多了一段佳话。

可是，段子还没结束，下半部分画风急转，这么美好的故事居然被数学老师拿来讲"极限"……

如果真有数学老师这样讲"极限"，那也是真真了得，因为课堂氛围可以不再枯燥，不再只有理性的讲授。难怪有人评论，可以把数学讲得如此之感人的老师，请给我来一打！

我们的学习过往，照本宣科的老师并不少见，他们照着自己认可的方式讲授课程，让学生一定要适应老师的授课方式。可是我们知道，我们人类对于知识的接收方式不太一样，有些人学习的时候希望多听别人讲，自己不看或少看书；有些人则希望自己看书，别有人在他旁边"絮叨"；而有些人是更希望自己动手去实践，在正式学习之前。这就让老师的授课方式与学生的学习方式产生了"鸿沟"。

如何弥合这样的差距呢？中国国家博物馆的"80后"讲解员袁硕就给出了非常好的示范。在国家博物馆地下一层，《古代中国陈列》的《中国旧石器时代早期人类及其生活》部分中，对于大名鼎鼎的北京猿人头盖骨化石的讲解，我们可能会听到这样的版本："这是现在仅存的北京直立人头盖骨，脑量为1140毫升，是一个青年男子。从化石上可以看出北京人的一些体质特征，与猿类相比北京人的颅高、颅长和颅宽的指数都远远超过猿类，与现代人相比北京人的头盖骨低、平，颅骨的最宽处靠近耳孔上方具有原始性……"

不能说这些信息没有学习的价值，但对于我们这些不从事文博工作，不搞生物研究的普通观众来说，似乎显得很有距离感。

而袁硕在介绍这块化石的时候可能会向你提出问题——目前我们看到的只有前额部分的颅骨，而整个颅骨的其他部分上哪儿去了？为什么颅骨的部分与肢骨的数量不相匹配？其实，这是一个"细思极恐"的问题。

抛出层层悬念后他告诉你，北京猿人其实很可能是一个具有食人习性的族群，这块额骨的主人极有可能就是一个被吃掉的年轻男子。而完整的颅骨如何只剩下一块额骨，这背后的故事可能会让这块数十万年前的文物变成一部扣人心弦的"惊悚悬疑"小说。

当不会说话的文物变得更有吸引力，让更多的观众对于中国古人类的生存状态拥有更为直观的认识，这其实就是微课程讲授时值得借鉴的地方。

第一节 优化授课方式是提高老师价值的重要方法

一、他们的讲师费相差一百倍

在培训市场上有一个非常有趣的现象，同样一门课程，授课内容大致相同，听课对象也基本一致，采购课程的单位大体相当，可是，有些老师的讲师费可以到达 3 万元 1 天，也有些老师是 3000 元 1 天，有些老师一天的讲师费却只有 300 元。

二、讲师费差别为何如此之大

有些人可能会说这是因为老师的名气大小有区别，有人会说这是市场运作的结果。但是，不管是名气大小的原因，还是市场运作的结果，讲师的培训费都是以老师的授课能力作为基础的。不管是采购课程的终端客户，还是运作课程的培训机构，他们往往都是以老师授课效果作为区别培训费用高低的重要衡量指标。

【案例 3-1】《从默默无闻到一鸣惊人的王老师》

2017 年 5 月，罗晓老师受邀给国家电网某市分公司的老师进行培训。培训组织单位希望从参加培训的老师中选拔出两名老师代表本级，参加省公司举办的青年培训师授课技能大赛。

参加培训和选拔的兼职老师中，有一位男老师是第二次参加这类大赛的选拔了。在众多参加选拔的老师当中，他在本职工作岗位上的业务能力比较突出。作为工科专业毕业的他，逻辑思维很强，做事情有步骤有方法，可以有条不紊地推进工作，多次获得单位嘉奖，受到领导的重视。

在授课过程中，他依然采用了平时工作时的行为方式，一条一款、逻辑清晰地讲授着他的工作经验。他认为这些干货都是他最宝贵的财富，这些内容讲给学员听，学员一定会非常的满足。而事实上学员却并不买账，不少学员反映他的课堂氛围比较沉闷，很难调动起兴趣，再加上学员本来工作就很忙，所以听起课来总是心不在焉。

经过培训，在优化、提高了授课方式之后，这名男老师在国家电网省级分公司组织的比赛中获得了第一名，代表省公司参加中国电力企业联合会举办的首届全国电力行业青年培训师教学技能竞赛，取得了优异的成绩。

【案例点评】

要提高课程的授课效果，让学生能够全神贯注地参与到学习当中，积极地参与课程的各项环节，其实也并不像想象当中的那么难。只要按照科学的授课方式，调整讲授的方法，理工科出身的老师也能够讲出令人满意的精彩课程。主要的方法是提高感性和互动两大元素在课程当中的比例，让感性、理性、互动三大元素相对均衡地组合出现。

提高授课能力，其实就是提高老师的展示能力。拥有与讲授课程相匹配的知识高度和深度，是一名老师之所以成为老师的基本条件。而一名优秀的老师，除了具备相应的知识和技能之外，更重要的是他拥有了较强的展示能力。

提高授课能力，不仅可以让老师获得学员的尊重，让老师的价值得到相应体现，也可以让老师的职业发展路径变得更加长远，更可以让学员喜欢上老师的课堂氛围，从而提高学习效果。

第二节 让培训方式更符合人类接受信息的方式

【案例 3-2】《火火的知识 冷冷的课堂》

2015 年 7 月的一个下午，张老师到广州讲《非人力资源的人力资源管理》这门课程，前来学习的是某集团各分公司的财务负责人。培训组织者在选择老师的时候，对培训机构强调一定要选一位有财务工作经验并且在"非人"领域管理有建树的老师来讲这门课程。

张老师的工作背景非常符合培训采购方的需求，他是财会专业毕业。经过多年的打拼，在单位从一名普通的会计升任副总经理一职，分管人力资源部和财务部。

在授课过程中，他对知识的细致讲解，对案例的逐层剖析，让所有的学员都听得津津有味，虽然整个教室就只有他一个人的声音，但是学员的大脑跟随着他的授课内容在思考，并没有分心。

这家集团的老总听说是一位非常有见地的老师过来讲课，马上安排集团办公室的文员小李到课堂当中看看张老师讲课的情况。可是当小李来到教室的时候，发现整个教室里鸦雀无声，老师不向学员提问，听不到学员的鼓掌，更听不到学员的笑声，她觉得课堂的气氛非常沉闷，于是向老总汇报说这位张老师讲课非常糟糕。

老总在出门办事前专门路过培训教室，他发现教室里的情况正如小李所描述的一样，他摇摇头匆忙地离开了。之后，这家集团再也没有聘请过张老师来讲课了。

培训机构和张老师都觉得很纳闷，可是一直都找不到原因。

【案例点评】

不同类型的人接受信息的方式有所区别。

学员在课堂上，一般来说有视觉、听觉、动觉这三种接受信息的方式。同时满足这三种不同类型接受信息方式的学员，我们的课程才会被更多的学员认可。

理性的人更容易接受理性的授课方式。

张老师的理性思维非常强，参与学习的学员也非常善于思考，老师跟学员之间的思维方式相当一致。因此，全程在教室里听课的学员会认为张老师说得非常不错，他们很享受这样的纯理性授课方式。

授课方式与信息接收方式不匹配易产生认知偏差。

集团办公室的文员小李是文秘专业毕业，一直从事接待工作。当她来到课堂的时候，对课程题目不感兴趣的她，只能凭借课堂的氛围来判断老师讲课效果的优劣。

匆匆而过的老总年轻的时候一直从事着机械加工工作，他认为如果一个技能型的课程没有教学员动手操作，那么课程效果的好坏是值得商榷的。再加上他没有时间静下心来听课，自然就无法全面、客观地判断张老师的授课水平。

第三节 如何让学员保持兴趣

一、"视觉动物"更感性

有些学员是"视觉动物"，他们对感性的形式更加敏感，乐于接受一切美的呈现。他们希望看到优美的幻灯片，希望听到充满魅力的语言，希望看到老师大方得体的肢体动作，希望听到触动人心的话语。

更有甚者，他们对颜值也提出了要求，希望来上课的男老师都长得帅，女老师都长得漂亮。他们希望老师能让他们的每一根感性神经得到充分满足。

二、感性的具体表现形式

（一）感性使用不当的两种体现

有些老师在讲案例的时候，就算是用了抑扬顿挫的语调，就算是注意了轻重缓急，就算是应用了停连重音，但怎么听都像是戴着厚厚的镜片的老学究在作报告，听不到事件进展，听不到矛盾冲突，整个语句里只能听到案例的中心思想和段落大意。

有些老师在讲故事的时候，就算是故事情节跌宕起伏，就算是人物性格截然不同，就算是故事寓意发人深省，但怎么听都像是20世纪发明的机器人播送新闻，听不到情绪反应，听不到心理变化，整个语句里只能听到声母和韵母组成的冰冷文字。

（二）感性的具体表现

一般来说，感性分为感性的内容、感性的形式和感性的声音三类。要想把感性的魅力发挥到极致，三者必须协调统一。

1. 感性的内容

感性的内容往往通过故事、案例、举例、笑话来呈现。

我们从小到大听过无数个故事，经历过无数个事件。我们从这些故事中学到了生活的经验，习得了工作的本领。不论是成人还是孩子，不论是男人还是女人，我们都爱听那些可以给我们带来间接经验的信息。

于是我们可以说，每个人心里都有一个爱听故事的小人儿和一颗八卦的心。但凡老师在课上开始讲故事的时候，学员的注意力就开始高度集中，对于世界的好奇和对世界的探索，让他们愿意随着老师的思路继续往下听。此时老师再说理，学员就可以在不知不觉中学到了理性知识，他们也就不会觉得反感了。

2. 感性的形式

感性的形式中比较常见的有唱歌、跳舞、听音乐、放视频、做运动、填诗词、编现挂等。

从我们进入到学校开始，老师一直在训练我们的理性思维。理性思维的训练不仅体现在数学、几何、物理、化学等理工科目上，就连语文课也在训练我们的理性思维。从小学开始，语文老师就在训练我们对于每一个段落和每一篇文章所表达的意思进行归纳和总结，这其实也是一种理性思维的训练。

进入社会开始工作后，不少人被进一步训练得理性思维更强。所以有些老师在授课过程当中，开口闭口都是理性的语言，似乎忘记了还可以用感性的形式来授课，而感性的形式却很容易调动起学生的参与感。

3. 感性的声音

一个优秀的老师往往是一个讲故事的高手，不管是经典案例还是传奇故事，不管是民间笑话还是现场举例，他都能够信手拈来，毫不费力。要呈现好这些以语言作为载体的感性内容，必须懂得如何运用自己的声音，让声音与内容和形式相得益彰，把老师的感性推向新的高度。

陈红是一位非常资深的主持人，罗晓老师刚到电台工作时，她作为节目部主任曾提出要求，所有的主持人每天上节目的时候都要保持最好的状态，喜、怒、哀、惧等不同情绪都要按内容的表达要求尽可能地呈现出来。因为，一个主持人的工作状态听众能够一点不落地听出来，特别是你说话时的心情，你说话时的表情，每一个细节听众都能感受到。

想要让声音感染人、打动人，我们可以从使用热情语言与亲和语言入手。

使用热情语言时，要求我们音调较高、声音较大、语速较快，用声音激发学生的情绪。

使用亲和语言时，音调稍低、声音平和、语速缓慢，用声音拨动学生的心弦。

在授课过程当中,我们需要注意语言风格的变化,让热情语言、叙述语言、亲和语言等不同的语言风格相互穿插,让声音富于节奏感、韵律感。

【练习技巧】

不论是热情语言还是亲和语言,我们都可以通过提高颧肌的方式来练习。颧肌,指的是位于颧骨部位的肌肉,左右各有一块。这两块肌肉一旦向上提升,我们说话的感觉就变得更像是在笑着说话,学员在听课的过程中,就算是没有看到你的微笑,也能通过耳朵"听"出你的笑容来。

三、感性对于培训的作用

(一)感性是抓住学员注意力的重要保障

老师的感性不足,学员的注意力就非常容易分散;学员的注意力不够,课程就难以达到预期目标。所以我们说感性是抓住学员注意力的重要保障。

评价一门微课程的效果如何,我们可以通过观察学员在学习后的反应来鉴别,看看学员有没有知道、做到和习惯性做好。照本宣科式的培训,容易产生学员人在心不在的现象,不说习惯性做好,就连知道可能都会比较难。

【案例3-2】《火火的知识 冷冷的课堂》中,张老师的课程就是缺乏了感性,所以容易让人感觉他的课程内容很冷。一门好的微课程必须是带有温度的微课程,因为我们无法决定来听我们课程的学员是谁,不能决定他们的信息接收方式,但我们有义务让每一位来听课的学员都能够感受到满足、快乐。

在感性的形式一节中提到的编现挂是比非常好用的感性形式，对于抓住学员的注意力效果非常好。"现挂"一词，来自中国的传统语言表演形式——相声，本意是指演员根据演出的实际情况，在适宜的情境里，联系当时、当地发生的事件，现场即兴发挥。

在培训过程当中，老师如果能够根据培训内容主要表达的信息，结合时局、课程主题，将学员的姓名代入一个故事，可能会起到意想不到的效果。当某一位学员的名字被编入故事时，坐在他身边的人、认识他的人和他自己本人都会密切关注他在故事里到底做了什么。这样一来，所有学员的注意力都会跟着老师的故事走。在听故事的同时，学员会对故事里发生的事情做道德判断，可以让道理不言自明，让培训效果得以优化，起到润物细无声的作用。

【案例3-3】《培训过程中的编现挂》

罗晓老师在讲授压力管理的现场培训课程，以下是片断实录。

罗晓：唐从皓（编者注：教室内学生姓名），今天秋高气爽，你刚发了2万块钱的奖金，你的心情非常好，来到江滨公园准备放风筝。这是一只带着夜光功能，飞上天后可以发出声响的风筝，你花了837元。837元，你说贵吗？

（此时教室里所有学员的目光都集中在了唐从皓身上）

唐从皓：贵，太贵了，我还没放过这么贵的风筝。

罗晓：是啊，相信大多数伙伴都会说贵。可是当你要放飞的时候，你妈妈打来电话了。你要不要接？

唐从皓：接啊，干吗不接？

罗晓：是的，当然要接，相信不仅仅是你一个人会接，我们在座的各位也会接，你们说是吗？

众学员：是的。

罗晓：于是你把风筝平展地放在了长椅上，接听妈妈的电话。可是，一不留神，罗煦凯（编者注：教室内另一学生姓名）一屁股坐在了你的风筝上。

（此时全场哄笑）

罗晓：请问，这时你的感觉会不会发生变化？

唐从皓：你眼瞎啊？！

罗晓：是的，一般来说，当我们的财物发生意外损坏时，我们的心情是会发生变化的。于是我想问，这时你的心情是变得更加开心了，还是变糟了？

唐从皓：当然不开心了，这风筝老贵了！

罗晓：是的，当我们的财物遭受损害的时候，相当一部分伙伴是难以安然接受的。可是，当你看到坐坏你风筝的罗煦凯戴着墨镜，手拄着拐杖的时候，你到嘴边的"你瞎啊"这三个字还会直接蹦出来吗？

唐从皓：不会。

罗晓：是啊，当看到这样情景的时候，相信很多人都不会说出这三个字。为什么不说这三个字呢？

唐从皓：人家又不是故意的。

罗晓：我们都知道，盲人的行为受限，很有可能他是无意坐下来，从而损坏了风筝。这样说话会伤害到盲人，这是一种非常不文明的行为。但是，正当你想原谅这个盲人的时候，罗煦凯把墨镜一摘，两只水汪汪的大眼睛看着你，幽幽地跟你说："我看准了才坐下的！"

（此时全场又是一阵哄笑）

罗晓：这时候，你还会原谅他吗？

唐从皓：想抽他！

罗晓：我想，这时候唐从皓的心里可能正有一支羊驼大军奔腾呼啸而过。

唐从皓：是啊！绝对的对！

（此时全场再次哄笑）

罗晓：是的，绝大多数人的心情会跟你一样，相信没有人愿意坦然接受他人的无端羞辱。当然，我刚才只是拿唐从皓和罗煦凯代入故事情境。这个故事不是真实发生的，相信两位也不会发生这样的事情，希望两位不要介意。

……

【案例点评】

在授课过程中，罗晓老师把教室里两位学员的姓名编进了故事，这就让这两位学员直接成为课程的重要组成部分，他们的情感会随着故事的发展而变化，他们更能体会整个过程给人带来的心理变化。

而对于他们的同学来说，与自己朝夕相处的同学如果发生了类似的事件，他们也会非常关注。当两位同学在设定的情境发生变化时，他们也会特别关注在发生变化后，这两位同学在故事里做出了什么样的反应,最终得到什么样的结果。

这样一来,所有的学员就都随着故事的情境在思考,对于接下来的内容充满期待,整个课堂中"局外人"的现象就会大幅减少,甚至消失。

(二)感性是提高学员执行力的重要方法

1. "4开"培训让学习更有层次

曾经有老师提到培训有三个层次——开眼、开悟、开心,是说培训必须要让学员了解之前他未曾了解、没有能力了解、了解信息之后没有想透,或者根本就没有想过的事情,在培训过程中让学员一直处在比较开心的状态,或者是掌握了知识和技能之后感到开心。

其实在培训过后,我们还需要有另一个"开",那就是"开动"。在过往的培训课程上,有些老师让学员在课堂中很激动,回去以后很想动,可最终谁都一动不动。后来,这样的培训被企业界称为"打鸡血"式的培训,培训内容难以落地,逐渐淡出了人们的视野。

微课程具有短、频、快的特点,聚焦企业生产经营过程当中出现的新、关、痛。当新的市场形势、新的技术标准、新的生产设备出现,当业务的关键点、组织关心的项目出现问题,当一些问题反复出现难以解决,微课程便应运而生。在微课程的讲授过程中,除了做到开眼、开悟和开心之外,我们还需要让学员在听完课以后能够真正地开动起来。

要让学员开动起来,必须首先做好学员的思想工作。中国有句老话叫作动之以情,晓之以理。晓之以理,能够让学员真正动起来。动之以情，不仅指打动人，更有使人行动的意思。

所以在整个微课程结束时，我们可以使用感性的语言，让学员能够在学到知识和技能之后得以触动，从而产生实际行动。

第四节　如何让学员学到东西

一、"听觉动物"更理性

有些学员是"听觉动物"，他们对理性的形式更加敏感，乐于接受一切有条理的事物。他们希望听到用数字 1、2、3 标示的顺序，希望听到"首先""其次""最后"的逻辑，希望听到总分总的句式表达，希望听到"因为……""所以……"的因果关系。

还有个别学员，他们对你声音中的词语和标点符号也会提出要求，希望来上课的老师都没有多余文字，都能准确地用好每一个词语。他们希望老师能让他们的每一根理性神经得到充分满足。

二、理性的具体表现形式

理性是老师在深度研究后，把要讲的内容罗列和排序，一条一款地展现出来，主要表现为内容的理性、形式的理性和声音的理性。

（一）理性的内容

我们讲授的理论来自于实践，当生活和工作的经验上升到一定高度，理性的内容便出现了。理性的内容往往蕴含在定义、概念、原则、原理当中，较为抽象，同时又指代明确，在很大程度上难以出现歧义。

（二）理性的形式

给你三个电灯泡，让你用电线把它们连接起来，你会选择怎么做？是用一根电线把他们从头到尾地连接起来，串成一条线？还是想让它们形成并列关系，互不影响？在初中的物理课上，老师告诉我们这两种连接方式一种叫并联，另一种叫串联。

1. 串联式表达

如果我们的一堂微课程从头到尾不使用任何结构化的表达方式，没有1、2、3这样的标志顺序，没有"首先""其次""最后"这样的逻辑表达，没有总分总的句式，没有"因为……所以……"的因果关系，那么我们的课讲起来就更像是在聊家常，让意识任意流动，丧失了授课应有的核心表达方式。

【案例3-4】《串联式表达》

在工作中和生活中，我们都需要做好沟通。沟通可以使我们的生活更加愉快，工作更加顺利。我们单位的小王，他就经常乱沟通。他跟妻子经常因为小事而吵架，上次差点离婚，我觉得他就是不会说话的人。我觉得他没有搞好沟通是因为他不会说话，经常乱说话，经常说不该说的话。我们要做好沟通，避免出现沟通不顺畅的情况。

【案例点评】

以上这段文字更像是生活中的语言，说话的人从工作和生活需要良好的沟通开篇，说到小王沟通失当，再说到他沟通失当的原因。一路下来，没有用到任何的关联词语，没有使用1、2、3这样的标注，让人很难捕捉他说话的层次，显得重点并不突出，是比较典型的串联式表达。

所以，串联式的表达方式在微课程的授课过程中应尽量避免。

2. 并联式表达

刚才我们提到了要使用数字、转折词语、关系从句，这些方式能够让我们的表达变得逻辑清晰、层次分明，这是我们在进行理性表达时必不可少的语法规范。

【案例3-5】《并联式表达》

顺畅的沟通是我们做好工作和开心生活的重要保障。我们单位的小王就因为沟通不畅，经常闹得家庭不和，甚至差点离婚。他没有搞好沟通主要体现在两点，一是不善表达，二是表达不当。所以，良好的沟通可以在很大程度上避免工作失误，也可以让生活变得更加快乐。

【案例点评】

这是一段总分总的表达方式，并且做到了首尾呼应。起首谈到了沟通在工作和生活中的作用，然后举例说明沟通不畅可能导致的恶果，并从两个方面指出了原因，最后一句与首句呼应，强调了观点，加深了印象。

所以，并联式的表达方式在微课程的授课过程中值得提倡。

（三）理性的声音

在授课过程中，理性语言有时起到强调的作用，具有让学生能够清楚识记知识点和技能点的效果。在使用理性声音讲授课程时，语速、语调、音量等要素适中或者偏慢，必要时可加重语气。

【练习技巧】

对于理性的声音，我们对颧肌的控制与感性的声音有所区别，一般不提颧肌，或者提升的高度很小。

三、理性对于培训的作用

（一）理性是课程的知识核心

不知道你是否有过这样的经历：在参加酒宴时，满桌的菜让你垂涎欲滴、欲罢不能，不管是"硬菜"还是点心，不管是山珍还是海鲜，虽然你在吃的当下能够满足你的千万个味蕾，但是一旦离开饭桌，你的肚子可能就会马上饿起来，觉得自己不曾吃过东西似的。

出现这样的现象，其实就是没有摄入碳水化合物的原因。一个人没有摄入碳水化合物，即使吃了再多的美食，也容易产生没吃饱的感觉。这也就能解释为什么胡吃海喝以后，不一会儿还是会饿的原因了——那是因为你没有吃主食。

感性能够让我们对知识、技能产生浓厚兴趣，可以让学员在课堂上感受到精神的按摩，这就类似于餐桌上的菜，看着悦目，吃着爽口。但是，如果一堂课缺失了理性，整个课程就会让人觉得听完以后缺乏记忆点，这就跟进餐不吃主食的情况比较一致。

因此，要想让微课程可以给人留下些什么，理性的语言和理性的内容必不可少。理性是微课程的核心部分，是能够让学员学到知识的重要保障。

（二）理性是知识的基本体现

从古至今，理论和实践一直在交替、往复地螺旋上升。来自于实践的理论指导着实践，产生理论的实践一刻不停地在影响理论的进阶。

实践工作需要调动各种感官参与，需要通过感性的载体外化。理论比较抽象，不如感性的实践工作具体可感，往往通过理性的面貌出现。不论理性还是感性，如果微课程过于侧重其中一种，都难免会出现一部分学员不喜欢，成为"局外人"的情况。

因此，我们必须有机地将感性、理性的内容结合起来。这样，不管是以"视觉动物"著称的感性学员，还是以"听觉动物"为名的理性学员，两者都会认为他们的需求得到了充分的满足。

具体来说，让感性和理性的相互融合，可以通过以下两种方式：理性的内容用感性的方式呈现，感性的内容用理性的方式提升。

第五节　如何让学员加深印象

一、"动觉动物"爱互动

有些学员是"动觉动物"，身体的总体协调性更敏感，乐于接受一切可以调动身体任何器官的任务。他们希望动脑琢磨原理，希望动手操作设备，希望身临其境地感受，希望与他人互动产生新的体验。

有些学员，他们会对你没有点名让他回答问题有意见，对你没有给他操作机会"吐槽"，他们希望老师能让他们的每一根动觉神经得到充分满足。

二、互动具体有哪些形式

（一）身体互动

在线下微课程中，身体互动是最为常见的一种互动载体。一对一提问、小组讨论、研讨会、角色扮演、头脑风暴等都是比较典型的身体互动形式。周平老师著有《培训课堂互动手册》，介绍了上百种有效的互动方法，感兴趣的读者可以查阅。

（二）脑力互动

录制后供学生点播的线上微课程，因为时空的限制，目前难以解决身体互动的问题。但除了身体互动外，脑力互动也是可以提高互动有效性的办法。脑力互动，可以帮助老师和学员形成联结，让学员也可以投入到课程中，由参与感转化为获得感。

【案例3-6】脑力互动在微课程中的应用

【案例3-3】呈现了罗晓老师在讲授压力管理的现场培训课程的片断实录。在拍摄线上微课程时，因为现场没有学员互动，所以没法编现挂，也没法给学员提问和解答，所以在讲授线上微课程时，虽然讲到同一知识点，他却运用了一些脑力互动的方式，以下是片段截取。

今天你的兴致很高，来到江滨公园准备放风筝。这是一只带着夜光功能、飞上天后可以发出声响的风筝，你花了837元。

837元，你说贵吗？

是啊，相信大多数伙伴都会说不便宜。

可是当你要放飞的时候，你妈妈打来电话了。你要不要接？

是的，当然要接，因为妈妈是我们人生中最为重要的人。

于是你把风筝平展地放在了长椅上，接听妈妈的电话。可是，一不留神，一个路人一屁股坐在了你的风筝上。请问，这时你的感觉会不会发生变化？

是的，一般来说，当我们的财物发生意外损坏时，我们的心情是会发生变化的。于是我想问，这时你的心情是变得更加开心了，还是变糟了？

是的，当我们的财物遭受损害的时候，相当一部分伙伴是难以安然接受的。于是，有些伙伴那句"你瞎啊！"的话就会脱口而出。可是，当你看到坐坏你风筝的人戴着墨镜，手拄着拐杖的时候，你到嘴边的"你瞎啊"这三个字还会直接蹦出来吗？

是啊，当看到这样情景的时候，相信很多人都不会说出这三个字。为什么不说这三个字呢？

我们都知道，盲人的行为受限，很有可能他是无意坐下来，从而损坏了风筝。这样说话会伤害到盲人，这是一种非常不文明的行为。但是，正当你想原谅这个盲人的时候，他把墨镜一摘，两只水汪汪的大眼睛看着你，幽幽地跟你说："我是故意的！"

这时候，你还会原谅他吗？心里面是不是有一百只羊驼奔腾呼啸的感觉？

是的，绝大多数人的心情会跟你一样，相信没有人愿意坦然接受他人的无端羞辱。

我们知道，这价值不菲的风筝已然被坐坏，难以复原了。可你的情绪却因为损坏风筝人的身份一波三折，这是为什么呢？是因为事件本身，还是你所秉承的信念？

不难发现，我们的情绪变化往往不是因为事件本身造成的，而是因为我们赋予了事件一些意义，而这些意义极有可能就是我们的信念使然。于是，面对同一事件，有些人会开心，而有些人会难过不已。

【案例点评】

以上案例中，罗晓老师运用了大量的脑力互动，但凡使用了问句的地方都是使用了脑力互动的地方。老师通过大量封闭式的提问和少许开放式的提问，运用设问句的形式，既引导了学员对于问题的思考，也让老师所讲的知识点层层深入，最终由学员自己得到了答案。

不少成年人都有过这样的经历，当天气转冷的时候，最关心我们的妈妈会让我们立即穿上秋裤，生怕我们着凉。可是当我们还是年轻力壮的时候，我们真的会心甘情愿地穿上秋裤吗？所以世界上有一种冷叫作"你妈觉得你冷"。

当学员通过脑力互动得到答案的时候，他们却更加坚定地相信自己的答案。于是，我们的教学目标就可以顺利达成，而这种达成往往悄无声息。

三、互动对于培训的作用

在培训过程中，互动不仅仅可以让课堂氛围保持轻松、愉快，还能够让学员对于所学的知识印象深刻。

（一）课堂氛围的调节器

在不少现场培训过程中，培训老师只是一味地把自己想讲的知识用讲授方法进行讲解，因为这样的"干货"可以让更多的学员得到更大的收获。可是这样的课堂氛围容易显得沉闷，学员很难打起精神来听课，更别说吸收和消化知识了。

在一个为期三天的"阿米巴式管理"训练课程中，一位职业讲师用大部分时间在讲述安米巴管理的概念，虽然也运用了一些案例，也期待着学员能够跟随他的思维继续课程，可是他提问的时候没有合理地使用提问技术，导致没有学员主动回应，课程进行了一天时间就草草收场。

不论是感性的授课方式还是理性的授课方式，学习知识和技能的都是人。所以学习是一种互动的过程，可以是老师讲学员听，也可以是学员讲老师听，还可以是老师和学员一起动手操作的过程。

当师生开始互动时，课堂的氛围就会发生相应的改变，学员会变得更加活跃，他们不仅可以动脑，还可以动手，从而调动身体的每一个感官，从发现探索当中找到问题，从解决问题当中获得经验。这种参与感不仅可以让学员在团队中找到存在感，更可以获得尊重的感觉。从某种意义上来说，这其实也是自我价值实现的一种方式。

树立明确的学习目标，制定相应的激励规则，适时地让学员在课堂当中有所表现，并且及时让他们得到相应的反馈，非常有利于课堂氛围的改善，让学员对于课堂的评价我发生质的改变，让老师的效能感也得到持续提升。

（二）学习质量的加强剂

在传统的教育培训中，一些老师在讲授完课程之后没有课程回顾就结束了教学活动。如果学员的学习动机比较强，他们会主动地在课前预习、课后复习，教学效果或许还看得过去。可是我们看到的实际情况却与我们预想的结果大相径庭，学员往往回去以后很难主动地复习和练习。

因此，在教学过程中如何让学员直接掌握知识和技能，或者让他们在学习过程中把知识和技能掌握得更加熟练，成为重要课题。而互动的教学方式则可以解决这一难题。

在学习结束后，老师可以通过检验的方式了解学员掌握知识和技能的水平，发现问题并且及时纠偏。一般来说，技能类的课程，我们可以通过以下四个步骤对初习效果进行检验。

一是"我说我做"，由老师边说边示范。

老师口述操作流程、步骤、要点的同时，亲自操作给学员看，让学员对于操作过程有直观的认识和了解，可以避免单纯讲解概念，让学员出现理解偏差的问题。

例如，在带电操作微课程中，老师首先把带电操作的步骤和要点讲解一遍，然后采用先讲解再操作的方法进行教学。因为老师是这方面的专家，在带电操作过程中出现问题的概率相对较低，在很大程度上能够确保老师和学员的人身安全不受伤害。如果让学员直接动手操作，很有可能就会发生人身危险。

二是"你说我做"，由学员复述老师讲解过的流程、步骤、要点，老师根据学生口述的内容进行操作。

学员复述老师讲解过的流程、步骤、要点，有可能出现遗漏、理解错误和理解偏差，当学员出现问题时，老师应及时纠正，在纠正之后，再进行下一步的操作。

例如，在带电操作的微课程中，老师在做完第一步"我说我做"之后，让学员重复一遍老师刚才操作的流程和步骤，老师根据学员口述的流程和步骤一步一步地往下操作。在学员口述过程中出现与标准操作流程和步骤不符时，老师因为长期从事这项工作，受其影响直接做错的概率相对较低，在很大程度上能够确保老师和学员的人身安全不受伤害。

三是"我说你做"，由老师口述操作的流程、步骤、要点，学员边听边按口令操作。

在学习来到这一步时，学员已经对操作的要领有了两次识记，既有视觉的也有听觉的，既有感性的也有理性的，在很大程度上他们已经了解和熟悉了操作流程。这时由老师发出指令学员进行操作，学员所遇到的人身意外风险也相应较低。

例如，在带电操作的微课程中，老师在完成前两步操作之后，口头发出指令，让学员按照自己的要求一步一步往下操作，当学员可能出现错误之前及时提示，避免发生意外。

四是"你说你做"，由学员先口述操作的流程、步骤、要点，再开展作业。

这是技能类操作学习的最后一步，也是学员学习内化的关键步骤。当经历了前三步之后，学员对于操作的要点、诀窍的识记已经非常清晰，在老师的监控下完成操作，老师可以视学员的掌握情况及时给出操作意见或者建议。

例如，在带电操作的微课程中，学员经过前三步的学习和练习，已经基本掌握带电操作的要领，但是有可能部分学员还无法完全掌握。为了检验学员的实际掌握情况，加强学员的实操能力，老师可以要求学员先口述要点再进行操作，当发现学员口述要点错误时，及时提示学员，避免发生人身危险。

第六节　架构微课程的五大套路

很多企业的微课程开发者在授课时都或多或少会遇到"怎么能把我想要表达的内容讲清楚？""怎么能让学习者一听就能明白？""还能让学习者可以做得到呢？"等问题。

其实归纳下来无非就是老师要清楚地讲出微课程的主体方向是什么，并且让学员听明白老师的逻辑，记得住今天的内容核心点，最后用简单易操作的形式让学员做到。

我们前面给大家讲了课程中非常重要的三大核心：感性、理性、互动，接下来为大家提供三大核心为主导的五种应用方法，也就是我们常说的"套路"以供各位小主品鉴。

一、单引入—单执行

"单引入—单执行"这种逻辑结构的套路在微课程中多以知识

型内容为主，往往起到知识普及性的教育价值，课程艺术性相对比较单一。

（一）引入

1. 引入的重要性

我们身边有不少人在表述时绕半天都引不起大家的注意力，就像很多老师在刚开始讲课时，往往也会出现讲一个内容时的思维过于变化、跳跃甚至有些无厘头。使得学员远远跟不上老师的思维变化，以致学员不愿意再听这个老师的课程，从而导致课程质量下降。

也就是说，讲师在一个内容进入时，如果没有进行有效的引入和暗示，或者课程内容与学员没有相关性时，往往会导致一部分学员走神造成课程质量的下降，甚至让该内容没有产生其应有的教育价值。

所以，建议讲授微课程的老师们在进入任何一个内容时，一定要有一个前期引入，不要让内容来得太突兀。

2. 引入的技巧

讲师在每进入一个新的内容时，一定要应用"激发学员注意力"的方法进行授课，对每个内容都要进行开讲前的注意力引入，这就是引入的技巧。

我们前面有提到如何激发学员兴趣的最有效方法就是"感性"，也讲了很多感性的形式，都可以作为引入时进行使用。这里我们就不多说了。

（二）执行

1. 执行的重点

引入是为了将后面要讲授的内容产生其应有的教育价值，执行就是把内容讲清楚。

理性就是一个课程中最重要核心内容的体现，也是学员学到知识的保证。所以，执行的重点在于把内容讲清楚，也称为内容执行。

2. 执行的方式

内容的表达方式主要是理性的形式，本书之前介绍的理性形式同样在执行中可以运用。

也许你会问，是不是引入就只能用感性的形式，而执行就只能用理性的形式呢？

当然不是。引入可以是感性的形式，也可以是互动的形式；执行主要以理性的形式为主，但也可以适当加入感性的形式或者互动的形式。

需要注意的是：微课程的主体是就一个小问题进行解决，所以微课程中大多数的执行是以理性的形式进行表述；并且切记尽量不要都使用同一种形式来进行引入和执行，以免造成课程的艺术性不足。

（三）单引入—单执行

单引入—单执行的套路是指讲师只用一种形式激发学员兴趣进入引入，将需要表达的课程内容用一种形式来讲解执行。也称为形式引入—内容执行。

我们以案例1-1中某银行手机银行APP的《无折无卡业务取款操作流程》课程大纲1为例。

【示例3-1】《感性引入—理性执行》

（案例引入）在我行某网点出现这样一个情况……

（理性执行）通过刚才的案例，我们发现无折无卡取款业务已经成为现下业务发展的新热点，做好这项业务的目的主要有两个：一是企业业务发展需要。通过前面案例我们发现，无折无卡取款业务是我行推行的必有业务，也是我行手机APP为提高我行业务发展的需要。二是员工绩效考核必备技能。无折无卡取款业务在我行业务推进中，已成为新业务绩效考核中的一项业务技能，对该技能掌握的熟练与否也决定了客户是否满意中非常重要一项必备技能。

【点评】

通过开始用感性和失败案例的方式引入，将银行员工最关注的客户投诉和无折无卡取款业务相结合，引发学员的关注度，激发学员对该课程的学习兴趣，让场景化的问题成为导线促使学员代入同理心，静待讲师后续内容。

在理性执行中讲师用序列理性说明的方式让学员进行归纳，找到关键问题并稍加阐述，让学生从感性认知到理性理解上接受所讲解内容。

线下课程中讲师们还可以用其他的方式来进行。

互动引入—理性执行：讲师可以用提问举手的方式测试现场有多少学员使用过手机APP中的无折无卡取款业务，对使用过的学员问取了多少钱、感受如何等，再进行前面的理性执行内容。

理性引入—互动执行：讲师可把银行内部关于推行无折无卡业务中的通知进行重点宣读，或直接用内容进行引入；讲师让学员记录大纲1中的两大目的，记录内容最好不显示在PPT中。

【贴士】

单引入部分：建议初阶企业微课程讲师在开场时尽量少使用理性引入的方式，线上微课程的互动引入需要讲师们多花点小心思设计。

单执行部分：建议各位企业微课程讲师采用理性执行的方式来进行会非常快容易上手，成熟培训师和资深人士可根据自身情况任意采用。

你还可以根据自己掌握的其他形式来进行单引入—单执行套路的尝试，但要切记：只可用一种形式来进行引入和执行。

二、单引入—单执行—单加强

"引入—执行—加强"这个套路组合是所有优秀培训师在讲重要内容时的套路。前面我们讲过了单引入—单执行，这里着重讲解单加强。

加强是对前面讲解过的执行内容再次强化，是让学员从认知到了解后，再次用相应的形式强化对内容执行的应用，一般运用于知识型、技能型微课程。单加强就是采用一种形式来进行再次强化内容执行达到其课程效果。

【示例3-2】《单加强》

（案例引入）在我行某网点出现这样一个情况：……同前略

（理性执行）通过该案例引出我们今天第一个大纲……同前略

（互动加强）各位，请全体起立！一起读下两个目的，来，一、二、三……

（学生集体朗读）

【点评】

该互动加强用集体朗读的形式进行加强，让学员再次深化记忆，让前面的感性认知和理性了解再次得以加强。

你还有什么可以使用加强的形式不妨写来试一试，欢迎和我们两位作者进行讨论。

【练一练】

单加强：_____加强

_____

_____

【示例3-3】《单引入—单执行—单加强》

接下来我们用《无折无卡业务取款操作流程》课程大纲2为例进行单引入—单执行—单加强：

单引入：互动引入

各位学员，能说出无折无卡取款业务操作标准的请举手！（如果有举手的，请1位学生说一下，再找人补充）。

单执行：理性执行

下面我们来看下无折无卡取款业务操作标准的六步法……

单加强：互动加强

接下来大家根据我提供的手机界面，一起说下我行无折无卡取款业务操作标准的六步法。（这里讲师需要把手机APP的应用界面按照操作标准进行手机截屏，做成PPT）

首先第一步我们需要登录……（学员回答）

第二步要选择……（学员回答）

第三步获取……（学员回答）

第四步是……（学员回答）

第五步是……（学员回答）

最后一步是……（学员回答）

以上就是我们大纲2给大家介绍的无折无卡取款业务操作标准的六步。

【点评】

该示例中的单引入使用了互动引入的方式，让课程一下活跃起来。同时，通过提问举手的方式对学员进行现场调研，看看学员对该标准的掌握情况，让现场的氛围得以活跃，学员的参与度行以提升。对于会的学员要求其进行分享其成就感，也激发不会的学员的学习兴趣。

单执行的部分老师针对PPT的内容进行程式理性的阐述，简洁明了，让学生能学到东西，使学生的操作有标准，知道具体的内容是什么。

最后单加强部分用了PPT＋提问的互动形式，让学生更加直观地再一次进行了标准在应用上的强化记忆,加深印象。

单引入—单执行—单加强:其实就是用一种形式引入内容,再用一种形式对内容进行执行,把内容讲清楚,最后再用一种形式再次加强内容的套路。在企业内部的知识型、技能型课程内容都可以用该方法来进行阐述。

【贴士】

在使用该套路时尽量做到引入、执行、加强的形式多变,可以同一种风格的不同形式,建议初阶企业讲师在应用时采用感性引入—理性执行—互动加强的方式进行,只做单一形式的转换,以便快速上手应用。

【练一练】

单引入:_____ 引入

单执行:_____ 执行

单加强:_____ 加强

三、单引入—单执行—双加强

单引入—单执行—双加强的套路，是在引入和执行部分依然采用单一风格的形式进行，而在加强部分用两种不同的形式进行双环加强，让学员对重要内容再次进行升华。

【示例3-4】《双加强形式技巧》

我们仍以大纲2的单引入—单执行内容不变，将其单加强进行修改后，再补充一个形式进行加强形成双加强。

单引入：互动引入

各位学员……（同前略）

单执行：理性执行

……（同前略）

加强—1：感性加强

接下来大家根据我提供的手机界面，一起看下我行无折无卡取款业务操作标准的六步法！（这里讲师需要把手机APP的应用界面按照操作标准进行手机截屏，做成PPT）

这是我们的第一步：登录取款的界面；

这张是第二步：选择预约取款的内容；

第三步：获取动态验证码的操作；

这是第四步：预约取款金额的内容，需要填写相应内容；

第五步：系统进行预约取款处理；

最后是第六步：进行预约取款的确认。

加强—2：互动加强

接下来，请大家打开手机，进入我行手机APP，我来说大家来操作。各位都打开了吗？（学员按照老师说的进行操作）

第一步：登录取款界面。找到无卡取款，然后点开。

第二步：选择预约取款。选择你要付款的账户，选择取款地区，然后下一步。

第三步：获取动态验证码。进行预约取款时，我行会自动向手机发送手机动态验证码，收到了吗？记住你的验证码，点下一步。

第四步：预约取款金额。点击后，进入预约取款界面，输入6位数的预约码，预约码是在取款机上用的，可以任意设置，只用一次，无卡取款成功立即作废，但切记要记住，不要和你卡密码一样；填写预约金额，填上100，在短信密码处把验证码填入，设置好后选最下面的预约。

第五步：预约取款处理。此时手机上是不是有个提示——正在加载，说明预约取款处理中，稍等一下，会跳出预约取款确认。

第六步：预约取款确认。出现您的ATM机预约取款成功字样，核对你的卡号、到期时间、预约取款金额，然后选择周边网点就可以取款了。

【点评】

双加强的形式让学员在该部分内容从感性视觉PPT的角度得以对理性内容的加强印象外，再次让学员进行现场应用，这种直接的体验无疑是对学员做得到的进行深化，充分发挥课程的实用价值。

【练一练】

双加强—1：_____加强

_____

_____

_____

双加强—2：_____加强

_____

_____

_____

【示例3-5】《单引入—单执行—双加强》

某银行《无折无卡业务取款操作流程》微课程在网点进行班后会的线下课堂，以下为片段实录。

各位伙伴大家好！我是李一，今天的班后会主题是《无卡取款业务操作流程》。

（单引入）今天下午在我们网点出现了一位刘女士因孩子生病着急跑银行取钱看病却没带银行卡，客户问怎么能不回家拿卡还能把钱取出来给待哺的孩子看病时，我行员工在急用户之所急的情况下，帮助用户使用了我行推出不久的"无卡取款业务"。

本来一片赤诚之心为客户着想，却在帮客户办理过程中，出现业务不熟练、不能快捷地节省客户时间的问题，致使刘女士虽然办理了该业务，却在事后对我网点进行了投诉。

针对该事件出现的问题，在今天的班后会上来给大家进行该业务操作的普及。

（单执行）：《无卡取款业务操作流程》分为以下六个步骤：第一步：登录取款界面；第二步：选择预约取款；第三步：获取动态验证码；第四步：预约取款金额；第五步：预约取款处理；第六步：预约取款确认。

（双加强之一）下面请大家拿出手机，我们共同完成该业务流程！（老师按照本行无卡取款预约流程带领学员完成该流程，这个部分用时稍长，一定要让所有学员现场进行操作）

大家办完手机上的预约取款后，等会儿下班可以在ATM机上把款取出来。

（双加强之二）最后我们一起来回顾下刚才《无卡取款业务操作流程》的六个步骤：第一步是……（学员回答）；第二步是……（学员回答）；第三步是……（学员回答）；第四步是……（学员回答）；第五步是……（学员回答）；第六步是……（学员回答）。

非常好，希望大家通过本次的分享，在今后能够快速帮助他人办理无卡取款业务。谢谢大家！

【点评】

该示例中因问题出现即时形成的微课程应运而生，讲师利用班后会的短短十分钟，让现场网点的所有员工第一时间进行业务学习，并同时将使用不多的"无卡取款业务"进行现场问题分析与问题解决。

案例形式的单引入，程式理性执行，最后用了两种加强的形式让学员快速加深印象，充分发挥了微课程的短、小、精、干的特征，并直接进行应用，达到了开发本课程的实用教学价值。

【练一练】

单引入：_____ 引入

_____

_____

_____

单执行：_____ 执行

_____

_____

_____

双加强：_____ 加强—1

_____

_____

_____

双加强：_____ 加强—2

_____

_____

_____

四、双引入—单执行—单加强

相信广大读者朋友们通过前面三个套路的学习，对"双引入—单执行—单加强"的套路已经不陌生了。没错，就是在原有

"单引入—单执行—单加强"的基础上，再加上一种形式进行引入，即形成"双引入"。

【示例3-6】《双引入》

下面我们沿用"单引入—单执行—单加强"中《无折无卡业务取款操作流程》课程大纲2进行双引入示例。

双引入—1：提问引入（原互动引入方式）

各位学员，有使用过我行的无折无卡取款业务的请举手，一次也算用过！没用过的请举手！这个不举手的是什么意思？（注：如果现场学员都没用过，讲师可稍做鼓励。如：没用过没关系，我们玩个不靠实力靠运气的游戏。）

双引入—2：测试引入

讲师提前将他行的同类业务界面进行截取并修改，将步骤的对比图放入PPT内让学员现场猜猜看，哪些界面是我行的该项业务界面，以提升学员的参与感。

讲师：各位，下面就是考验大家的时刻了，看看谁是"火眼金睛"能找出我行无折无卡取款业务在手机APP上的界面。答对有小奖品！

第一张，选A还是B？

第二张，A？还是B？

第三张，A？还是B？

下面公开正确答案是……，答对的起立，把答案给我看下（讲师可发便笺大家）。（给答对人员送上小礼品，礼品可提前准备，哪怕是小糖果都可以）

单执行：理性执行

……（内容略）见【示例3-3】《单引入—单执行—单加强》。

单加强：互动加强

……（内容略）见【示例3-3】《单引入—单执行—单加强》。

【点评】

双引入分用两种互动引入的形式，可以把课程氛围一下带入高潮，使接下来的内容执行部分快速进入学员心里，为后续的内容做了充分的引入。

你也可以把自己觉得好的其他引入方式写下来。

【练一练】

双引入—1：_____引入

_____

_____

双引入—2：_____引入

_____

_____

【示例3-7】《双引入—单执行—单加强》

下面我们沿用上述的大纲1为例进行双引入—单执行—单加强示范。

双引入—1：案例引入

在我行某网点出现这样一个情况：……（内容略）见"单引入-

单执行"大纲1示例。

双引入—2：理性引入

通过前面案例我们发现，无折无卡取款业务是我行推行的必有业务，也是我行手机APP为提高我行业务发展的需要。

无折无卡取款业务在我行业务推进中，已成为新业务绩效考核中的一项业务技能，对该技能掌握的熟练与否也是决定客户是否满意中非常重要一项必备技能。

理性执行

通过该案例引出我们今天第一个大纲，（播放PPT）无折无卡取款业务的目的，它包括两个方面（播放PPT）。

互动加强

各位，请全体起立！一起读下两个目的（学生集体朗读）。

以上就是本次无折无卡取款业务培训的两大目的。

【点评】

在双引入部分，用感性的案例形式进行引入，再用理性的形式进行总结提炼，让学员在现有场景中直接找到答案，并对答案的内容再次强化，在课程中需要学员提高学习认知时使用双引入的方法，可以让学员在开场快速进入学习状态。

双引入—单执行—单加强的套路重点在前面的"双引入"部分，两种不同形式的引入在认知层面得以提升，连续激发学员的兴趣的同时，让学员有不同层面的感受。

【贴士】

使用双引入—单执行—单加强的套路时，一定要进行感性、理性、互动三个层面的思考设计，根据不同现场学员进行调整应用。

【练一练】

双引入—1：_____ 引入

_____
_____
_____

双引入—2：_____ 引入

_____
_____
_____

单执行：_____ 执行

_____
_____
_____

单加强：_____ 加强

_____
_____
_____

五、双引入—单执行—双加强

经过上述的演练，相信你一定可以轻松上手第五个套路。下面我们就将上述第四个套路进行双引入，直观地了解一下以下双头双尾的方法。

【示例3-8】《双引入—单执行-双加强》

某银行《无卡业务取款操作流程》微课程在网点进行班后会的线下课堂,以下是片断实录。

各位伙伴大家好!我是李一,今天的班后会主题是《无卡取款业务操作流程》。

双引入—1

今天下午在我们网点出现了一位刘女士因孩子生病着急跑银行取钱看病却没带银行卡,客户提出怎么能不回家拿卡还能把钱取出来给待哺的孩子看病时,我行员工在急用户之所急的情况下,帮助用户使用了我行推出不久的"无卡取款业务"。

本来一片赤诚之心为客户着想,却在帮客户办理过程中,出现业务不熟练、不能快捷地节省客户时间的问题,致使刘女士虽然办理了该业务,却在事后对我网点进行了投诉。

针对该事件出现的《无卡取款业务操作流程》问题,在今天的班后会上来给大家进行该业务操作的普及。

双引入—2

在内容开始之前做个小小的调查,能准确说出无折无卡取款业务操作标准的请举手!(如果有举手的,请一位学员说一下,再找人补充一下)谢谢前面的几位小伙伴,请给她们掌声!

单执行

《无卡取款业务操作流程》分为六个步骤(内容同前,略)……

双加强之一

下面请大家拿出手机，我们共同完成该业务流程！（注：老师按照本行无卡取款预约流程带领学员完成该流程，这个部分用时稍长，一定要让所有学员现场进行操作）

大家办完手机上的预约取款后，等会儿下班可以在ATM机上把款取出来。

双加强之二

最后我们一起来回顾下刚才《无卡取款业务操作流程》的六个步骤：

第一步是……（学员回答）

第二步是……（学员回答）

第三步是……（学员回答）

第四步是……（学员回答）

第五步是……（学员回答）

第六步是……（学员回答）

非常好，希望大家通过本次《无卡取款业务操作流程》的分享，在今后能够快速帮助他人办理无卡取款业务，谢谢大家！

【点评】

开头和结束的双环形式让开场更具有吸引力，在课程结束时用体验和回顾的方式让学员加强学有所获的同时，老师也再次进行了两三次的再次授课，让一节微课程在最短的时间内发挥其最大化的实效性。

【练一练】

双引入—1：_____引入

_____

_____

双引入—2：_____引入

_____

_____

单执行：_____执行

_____

_____

双加强：_____加强—1

_____

_____

双加强：_____加强—1

_____

_____

微课程的主体内容完善是微课程的血肉，是整个微课程亮丽呈现的关键设计点所在。

激发学员注意力的形式，让学员学到知识的核心，用多种方法达到让学员印象深刻的体验式课程效果，通过以上五大套路方法得以最后的呈现，本章为大家提供了塑造一门微课程成形的简捷方法，便于各位参阅练习。

第四章

微课程的课件怎么设计

美国人曾经做过这样的实验，让一位从事政治学教学工作的37岁"宅男"站在人流如织的街角橱窗里，在周末的两天假期通过随机访问，测试陌生年轻女性对他不同着装的评价是否一致。

A．人靠衣装马靠鞍——"宅男"形象令人一言难尽

这位"宅男"先是从自家的衣橱里找出一件深棕色T恤、一条蓝色牛仔裤，配上褐色翻毛皮鞋，穿上身后就直接站到了橱窗里。虽然他面带笑容，可是路过的人们，不论男女，只是匆匆而过。

当测试人员访问路人时，路人的回答大多是"这样的人恐怕只是普通职员吧""估计是做玻璃清洁的""应该有46岁了""就算我没有男朋友也不会跟他约会"一类。大多数青年女性都认为这是一个活在生存阶段的男人，第一眼看上去没有什么不同，自己对于跟他进一步交往没有太多兴趣。

测试人员让接受测试的女性评分，满分是10分，绝大多数女性给他的印象评分只有1~3分，甚至还有一位女性直接给出了–1分的超低分，对其魅力值评价的平均分只有3.4分。

B．云想衣裳花想容——"精英"形象令人动容

第二天，同一时间、同一地点、同一个人，不同的是这位"宅男"的装扮发生了改变。这一天，测试人员给他精心挑选了合

身、挺阔的黑色西装，配上一件白色暗纹衬衫、一副宽边墨镜、一双黑色系带皮鞋、一块金色机械腕表。

在进入橱窗前，测试人员请造型师给他做了面部清洁、剃须，同时根据他的脸形精心设计了发型。当他做完造型进入橱窗后，面带笑容。

可与前一天不同的是，路人并没有匆匆而过，回头率开始直线上升。接受访问的女性们普遍认为这是一个拥有自己事业的男人，"应该是教授""我想他收入很高""收入在4万英镑以上""相貌很英俊""如果可以，我想跟他约会"这样的评价占据了主位，女性给他的魅力值评价的平均分达到了5.8分。

C. 投其所好用其所妙　让课件自己会说话

当看完这个测试后，你会有什么样的想法？是"表面现象更容易让人迷惑"，还是"世界最终还是看脸的"？不管你怎么看，不可否认的是，一个让人赏心悦目的形象更容易吸引人们的关注，更容易让人获得好感。

在前面的章节我们也曾经讲到，人类捕捉信息的渠道一般有三种——视觉、听觉、动觉，不论你更习惯于适用哪种渠道感受世界，视觉带来的感观刺激往往信息量更大，更有冲击力。因此，牢牢把握住微课程中每一个与视觉有关的细节都可以帮助我们提高微课程的总体质量。

但是在我们的课堂上，一些"不堪入目""刷新美学下限"的课件还是不时出现。对于学员来说，眼花缭乱的动图、大版文字堆砌的"墙头"、各色染缸漂出来的画面让人"欲罢不能"。但当学员看到这些课件的时候，他们却显得更不愿意继续集中精力，放弃了继续学习。

在这一章,我们把课件制作的方法、策略、诀窍掰开了揉碎了,一起来琢磨什么样的课件才更符合微课程的要求、什么样的课件才更能吸引学员的关注——让课件自己会说话。

第一节 什么幻灯片是优秀幻灯片

对于一些老师来说,做课件不仅是个"技术活",更是个"体力活"。接到授课任务以后,有些老师就开始抓狂,面对课题发呆,不知如何下手,半天也"憋"不出三五张幻灯片来。

当然,也不乏一些沉着应对的老师,他们开始着手施展"三扫光"绝技。他们首先从自己"库存"的课件中"清算"一遍,找出可以借鉴的课件;接下来向"度娘"伸手,地毯式地搜罗所有可能用得着的课件;最后遍吃"窝边草",在QQ群、微信群中索要其他老师的成熟课件。三次"扫荡"以后,"集天下之大成"的课件便应运而生。

可是,当这些老师在使用幻灯片时才发现,很多内容其实并不合适,需要删改。当他大刀阔斧地按下Delete键删除这些幻灯片后,发现整个幻灯片只剩下两页可用。哪两页?第一页课程标题和最后一页"谢谢观赏"。

要想做出让人眼前一亮的幻灯片,要想在众多"丑得雷同"的幻灯片中淌出一股清流,必须要正"三观",首先得弄清楚什么样的幻灯片才是优秀的幻灯片。

一、越用力越难看的怪圈

俗话说"要给学生一碗水,自己至少要有一桶水",作为老师,我们普遍认为必须有扎实的功底和渊博的知识。于是,一些老师在授课过程中紧紧把住"科研"范儿,使出"洪荒之力"把所有要讲的话形成逐字稿放在幻灯片上照读;也有一些老师尽情演绎"文艺"范儿,一张幻灯片中既有华丽的佩斯利花纹,又有宋朝米芾的狂草字体;还有些老师使出浑身解数,找到一切相关或不相关的GIF动画,让整个幻灯片动感十足。

相信这些老师在制作幻灯片时都本着严谨的治学态度,希望尽可能把自己最欣赏、最可贵、最值得推荐的知识和技能毫无保留地呈现在学员面前。甚至,一些老师废寝忘食、不厌其烦地从成千上万的素材中寻找一切可用的文字、图片和视频。

可是,他们越是用力,做出来的幻灯片却越是难看。

【案例4-1】"标志科技平台"的幻灯片

以下我们先来看一组幻灯片(如图4-1所示),你在观看的同时先给它评个分。如果满分是100分,你会给多少分?并请写出你给分的理由(如表4-1所示)。

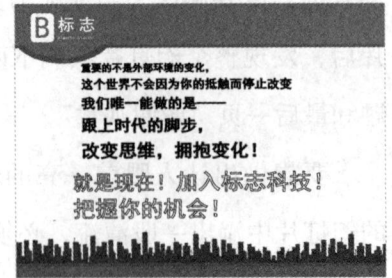

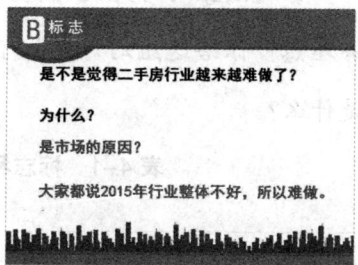
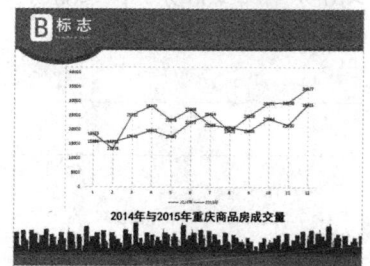
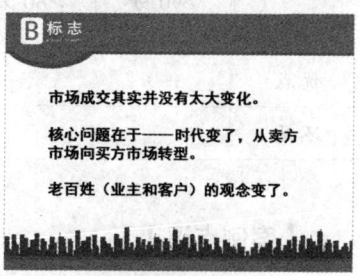

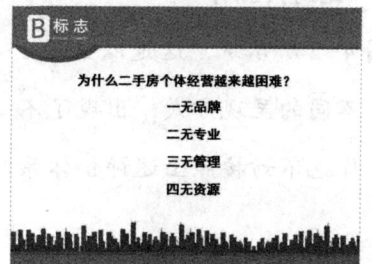
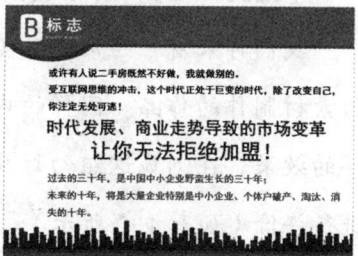

图 4-1 标志平台科技推介会幻灯片原稿内页

你对以上幻灯片的评价如何？是不错，还是一般，或者不是够理想？你给这组幻灯片打了多少分？你记录的优点和不足分别是什么？

表 4-1　标志科技平台幻灯片评分表

评分（打√）	>90分	>80分	>70分	>60分	<60分
优点					
不足					

【案例点评】

　　这个案例经常被罗晓老师放在现场教学中使用，大多数学员看完上述幻灯片作品后的评价大多在 70~80 分。他们认为，幻灯片简单明了，没有什么特别花哨的地方。但是也有一些学员认为 PPT 的色调过于暗沉，给人很压抑的感觉，页面布局上也显得有些乱，部分页面的文字过多，显得不够干练，最多打个 70 分。

【案例 4-2】"标志科技平台"幻灯片新作

　　我们再来看一组幻灯片（如图 4-2 所示），这是以案例 4-1 为素材制作的作品。同样的内容，不同的呈现方式，出现了不一样的效果。在浏览这组幻灯片时，你也不妨按照上述评价体系对进行评价（如表 4-2 所示）。

图 4-2 标志平台科技推介会幻灯片修改稿内页

表 4-2　标志科技平台新幻灯片评分表

评分 （打√）	>90分	>80分	>70分	>60分	<60分
优点					
不足					

【案例点评】

虽然上述两个版本的幻灯片呈现的文字内容完全一致，先后顺序也完全相同，但是视觉效果却有天壤之别。在现场培训时，大多数学员给案例 4-2 打出了 90 分以上的高分。两者的区别主要在于，设计者对于文案策划、排版布局、字体选择、颜色搭配、图片筛选等方面的考量不同。

二、优秀幻灯片六大特征

具体来说，优秀幻灯片，一般都拥有构图整齐、容易聚焦、色彩协调、文字精练、信息适量、字体均匀的特征。

（一）构图整齐

1. 构图必须要有章法

老师们在授课时，都希望学员从中有所收获，因此我们传授的内容一般来说都是经过审慎思考、经过实践认证的知识、技能或思维方式。因此，我们在视觉呈现时要有章法，也应当使幻灯片的画面体现出稳定、可信、可靠的状态。因此，合格幻灯片的构图，首先是一个横平竖直的构图，是讲究章法的工笔画风格，而不是随心所欲的"农业重金属"风格。

2. 神秘数字0.618

从古至今，在音乐、舞蹈、雕塑、绘画、建筑、戏剧、电影等众多艺术门类中，有一个规律一直都是神秘的存在。毫不夸张地说，几乎所有优秀作品的创作者都有意识或无意识地应用了这一规律——不论是巴赫《神游》D小调中的7对间奏，还是芭蕾舞演员踮起的脚尖；无论是米洛斯的《维纳斯》，还是《蒙娜丽莎的微笑》；无论是巴黎的埃菲尔铁塔，还是上海的东方明珠塔；无论是演员在舞台上的手眼身法步，还是电影拍摄时的构图。

而这种神秘的规律便是传说中的0.618——"黄金分割比例"。

在平面构图中，因为黄金分割线的存在，我们的视点很容易聚焦在大部分画面上，然后再落到小部分的画面中，通过比对，从中思索两者间的关系，从而由视觉信息产生了思维动作。

也正是因为对于画面比例与内容轻重的权衡，老师在讲课前对于幻灯片所需要呈现的重点信息更清楚了，学员看到幻灯片后处理信息的效率也会更快。

3. 16∶9的比例让视界更宽更精彩

不难发现，现在不管是在家电卖场，还是在网络电商平台，大行其道的电视机和电脑液晶显示器已悄然发生变化，4∶3的比例的产品已难觅踪迹，取而代之的是更宽更精彩的16∶9。

不仅是个人使用的显示器，就连新近上市的高清投影仪也有同样的趋势，时下最热门的几款幻灯片制作工具也把新建文件的比例默认设置成了16∶9。

因此，当我们新建幻灯片用于制作微课程时，不妨就愉快地接受这个改变，让我们的幻灯片比例也更符合人类的审美规律。

4. 经典工具让章法有迹可循

喜欢摄影的人都知道"三分法则",或者"井字构图"法(如图4-3所示),这是便于构图用的工具,跟之前提到的黄金分割比例有非常大的关联。

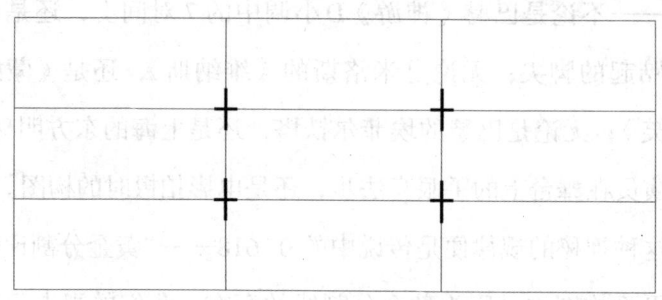

图4-3 井字构图

在实际创作中,我们很难做到每一次都使用尺子去衡量,没办法非常精确地快速找到黄金分割线或黄金分割点。如果我们将整个画面通过横竖两条线等分成九个长方形,画面将形成一个井字和4个交点。这样的构图法,便于创作者快速找到黄金分割线或黄金分割点所在的区域。

当我们把重要信息放在"井"线条的任意一条线上时,画面的比例就会显得较为协调。如果要进一步优化构图,可以充分利用这四根线条所交汇的点,把需要让学员重点关注的信息放在这些点上。

【案例4-3】"井字构图"法与幻灯片设计

"感性""理性""互动",这是贯穿于PTT国际专业培训师各阶课程始终的三个重要词。罗晓老师在讲授下面这张幻灯片时，与人类接受信息的视觉、听觉、动觉等渠道相对应，选取了一尊塑像照片作为背景图片（如图4-4所示）。

图4-4 "井字构图"法在幻灯片制作中的应用

【案例点评】

打开这张幻灯片，映入学员眼帘的首先是塑像部分，塑像脸部的边界大致处于左侧竖条分割线上，塑像眼角和鼻子大致处于横条分割线上。为了突出文字，特意将塑像做了模糊处理。

在画面右侧的大块留白部分，分别写下了"感性""理性""互动"三个关键词及其说明，而三个关键词用白色字体标注，处于右侧竖条分割线上，与背景的黑色形成强烈反差，非常容易让人将视线聚焦于此。

再加上老师对于人类接收信息从听觉、视觉、动觉三种方式入手的讲解，学员更容易理解感性、理性、互动三者与听觉、视觉、动觉间的关系，明白了三个关键词在课程中的重要作用，强化了老师授课的效果。

5. 想要稳定画面不能缺少三角形构图

从埃及胡夫金字塔到中国国家体育场（鸟巢），从自行车的三角架到空调外挂机支撑架，三角形稳固、坚定、耐压的特点被体现得淋漓尽致。三角形的这种稳定特性，与我们讲授课程要求的稳定、可靠暗合。

【案例4-4】三角形稳定性与幻灯片设计

图4-5　三角形稳定性在幻灯片设计中的应用

【案例点评】

人们看到幻灯片时，往往首先会将视线聚焦在图上，然后才是文字。所以，在打开这张幻灯片后（如图4-5所示），学员一般会先关注到罗斯福的人物肖像。人物肖像处于画面右侧竖条分割线上，人物目光向左。人物肖像呈三角形，坚定而有力。顺着人物目光方向看去，画面的留白部分是罗斯福的名言，文字的下边缘正处于下侧横条分割线的上方。整个画面逻辑清晰、层次分明。

6. 居中构图在对称中更能彰显协调

【案例4-5】对称构图与幻灯片设计

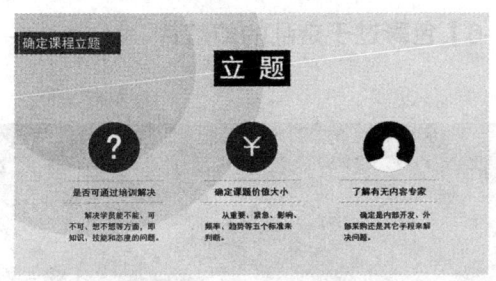

图4-6 对称构图在幻灯片设计中的应用

【案例点评】

深色色块衬托的"立题"二字是整个画面重点信息,其次通过视觉化小图标的呈现,将"是否可通过培训解决""确定课题价值大小""了解有无内容专家"三个部分的信息依次展示,整个画面的结构分明、层次清晰。

(二)色彩协调

提起色彩,不少人会立即想起"万紫千红""五光十色""五颜六色""花红柳绿""五彩缤纷""姹紫嫣红""五彩斑斓"等一系列让人目不暇接的词语,似乎最担心画面上漏掉哪种颜色。于是,一些老师在制作幻灯片时,无所不用其极地使用一切他们可以想到、用到的颜色。当这些老师的幻灯片被打开,"亮点"开始频闪,学员仿佛置身于染坊之中,被丰富多彩的颜色"亮瞎"。

出现上述情况，主要原因不外乎有三：一是老师不知道该如何确定主题颜色，二是不清楚如何搭配颜色，三是不了解如何找到颜色。

【案例 4-6】色彩过于杂乱的幻灯片

图 4-7　色彩过于杂乱的幻灯片作品

【案例点评】

在这张幻灯片中（如图 4-7 所示），除去构图的杂乱不说，光是用色就很令人不快，不容易在第一时间捕捉到老师想要表达的重点信息。

在地图部分，幻灯片的设计者使用了 6 种颜色，文字部分使用了 2 种，再加上背景的渐变色，整张幻灯片可以说将人类可以看到的颜色"一网打尽"。而这么花费心思的设计，却常常得不到学员的好评。因为颜色实在是过于杂乱，难以通过颜色来捕捉重点。

想要解决幻灯片的用色问题，读者朋友们不妨尝试通过不使用渐变色、使用纯色背景图片、去除图片背景、使用配色方案、用取色器配色、增加蒙板色块这六招来实现。

1. 使用配色方案

在时下人们常用的幻灯片设计制作软件中都预设了默认的主题颜色,并同时提供了若干种配色方案可供修改和调整。一般来说,当我们使用这些配色方案里自带的颜色时,幻灯片的颜色就会相对比较协调(如图4-8所示)。

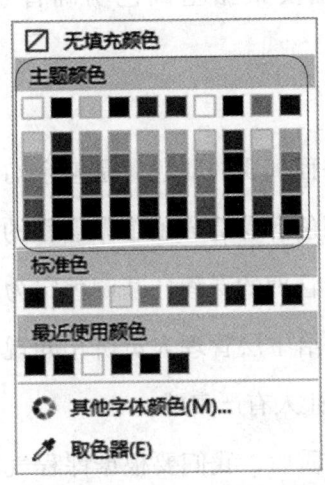

图4-8 幻灯片制作软件提供的配色方案

但是,这些配色方案所提供的颜色非常多,如果全都用上,我们的幻灯片也容易出现如图4-7所示的效果。那么,究竟如何使用这些颜色呢?

我们在制作幻灯片前,首先必须明确以下类型信息的用色规则。

2. 明确重要信息用色

不同的颜色能够带给人不同的感受,衬以特定环境,色彩也能传递信息。在中国,红色象征着热情、力量、热爱;黄色有时容易让人想起阳光、希望、权力;蓝色常常令人平和、稳定、平静。这些都是人们在长期生活中留下的文化烙印。

不同主题微课程的教学目的不同，授课方式不同，学生对象不同，课程气质也不尽相同。我们需要根据课程气质使用相应颜色，使幻灯片的视觉呈现更贴合课程主题。因此，动手制作幻灯片前，我们必须先明确好基调，也就是基调色。

此外，我们还需要根据基调色明确背景/文字色、辅色、衬色。

3. 基调色

基调色是反映课程气质的颜色，是整个幻灯片颜色的灵魂所在，如果定错了基调色容易造成整个微课程的失败。比如，给基层员工讲授压力情绪管理的课程，基调色定为深灰色就不容易让人带来轻松的感觉；给中层管理人员讲车间现场管理的课程，基调色定为粉色就很难让人有严肃感。

在明确了课程气质后，我们要根据课程气质确定幻灯片的基调色。如果是面对中高层的管理类课程，不妨使用蓝色系。如果是面对年轻女性客户，可能粉色系更合适。

4. 背景/文字色

一组背景色/文字色由2种颜色构成，这2种颜色应选取反差较大的颜色，以便让文字和背景更容易区分。

比较简单的方法是其中一个选择白色，另一个则从幻灯片设计软件提供的主题颜色中选取。一般来说，在渐变色块最下方一列，除了黑色及深灰色我们都可以选择（如图4-9所示）。

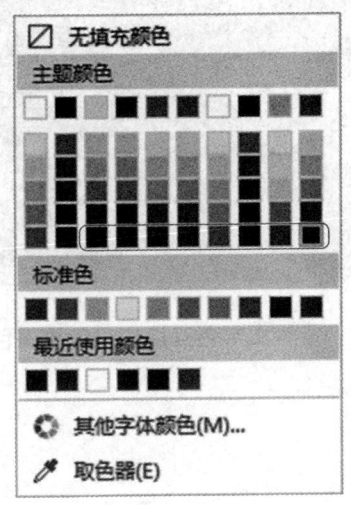

图 4-9　幻灯片制作软件提供的配色方案

【案例 4-7】背景/文字色互换应用效果

我们选取安培紫和白色两种颜色作为背景/文字色，制作了两种风格的幻灯片，当两种颜色进行互换时，视觉感受截然不同。

图 4-10　背景文字色互换应用效果浅色背景

图 4-11　背景文字色互换应用效果深色背景

【案例点评】

当两种颜色互相调换时，所呈现的效果大不一样。图 4-10 使用浅色底深色字，文字较易辨识，画面显得更为清新；图 4-11 使用深色底浅色字，文字较易辨识，但画面相对更显稳重。

5. 辅色

确定了幻灯片的基调色后，我们在基调色所在配色方案对应的渐变色块中选取 3 个辅色，用于丰富画面层次，区分课程内容的重要程度。

6. 衬色

优秀的幻灯片，色彩一定要协调。而保持协调最简单的办法就是使用幻灯片设计软件自带的主题颜色，或者按照企业视觉识别系统的要求配色。

那么问题来了，如果在制作幻灯片前，我们只是选取了基调色、背景/文字色和辅色，可能会造成幻灯片画面色彩过于单调的情况。因为严格来说，基调色和辅色属同一色系，加上背景色和文字色，仅有三大色系，有时候会显得不太够用。

幸好，幻灯片的设计软件为我们提供的配色方案里，除了黑、白色以外，共有 8 个色系供我们选择。除去主题色和背景/文字色外，还有 6 个色系的颜色可以成为衬色供我们使用。

但是，一般情况下，我们不主张过多使用衬色。因为衬色过多，很容易造成颜色失控的局面，"农业重金属"质感的幻灯片往往就是这样造成的。

因此，一套幻灯片中使用 1~3 个色系的衬色相对比较安全，但衬色仅在基调色系无法满足需求时才使用。

明确好用色规则后，在接下来的制作过程中，只要按规则使用，就算换了配色方案，整个幻灯片的色彩依然会保持协调。

7. 明确同色系色调

图 4-10、图 4-11 这两组颜色均取自幻灯片设计软件的主题颜色，由其不同明度的颜色填充而成，既简便又美观。同色系不同明度的色调可用于不同信息的区分。

因此，一般情况下，我们大可不必从色谱中苦苦寻找，更不必耗尽心力发明创造。只要用好设计软件自带的配色方案，我们一样可以做出高大上的幻灯片来。

8. 多色系色调统一

为了让不同内容的区分度更大，我们可以使用衬色以示区别。在多色系色调的统一方面，我们依然可以充分利用好幻灯片设计软件预设的配色方案。如图 4-12 中的五个圆形，都应用了同一套配色方案中的衬色，其明度全部统一设为 25%。虽然是五种不同颜色，因为明度一致，所以视觉上也会显得非常和谐。

【案例 4-8】同明度协调色彩

图 4-12　多色系色调统一示例

【操作提示】如何变换配色方案

Microsoft Office Powerpoint 2016：设计—变体—颜色。

WPS Office 演示 2019：设计—配色方案。

9. 用取色器快速拾取 Logo 颜色

一般来说，银行、电力、交通等大中型企业会拥有自己的视觉识别系统，对颜色的使用有严格的规范要求。对于一些幻灯片制作者来说，在幻灯片上使用 VI 手册中的颜色并不容易。一些人花费了好几个小时才找到一个比较相近的颜色，而这样的结果对于那些拥有"处女座"性格的人来说，可能就不甚满意了。

其实现下流行的幻灯片设计软件都提供了取色器功能，方便设计者可以从各种电子图片中拾取任一像素上的颜色。当你学会了这招，相信再也不用担心你找不到想要的颜色了。

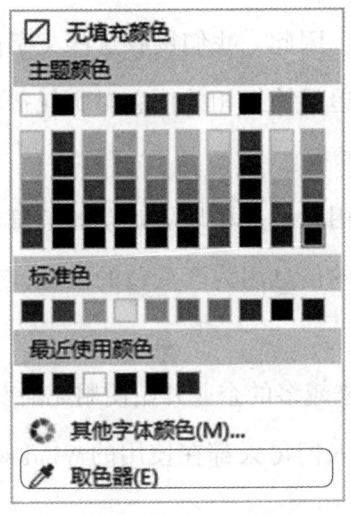

图 4-13　幻灯片制作软件取色器功能

【操作提示】如何找到取色器

★ Microsoft Office Powerpoint 2016

开始—字体颜色/形状填充/形状轮廓—取色器。

格式—文本填充/文本轮廓/形状填充/形状轮廓—取色器。

★ WPS Office 演示 2019

开始—字体颜色/形状填充/形状轮廓—取色器。

文本工具—文本填充/文本轮廓。

绘图工具—填充/轮廓。

10. 图标不使用渐变色

人类在接收文字、图片、声音、气味等信息后，通常需要将信息进行识别、整理、归类，然后存储到大脑的相应区域，以便在下次使用时调用。因此，我们接收这些文字信息时需要花费一定的精力。如果在追寻捕捉相关信息时所耗费的精力过高，很有可能就会放弃追寻捕捉。

而渐变色的应用无疑是增加了观众的信息追寻捕捉成本，使原来可以容易获取的信息因为渐变色的出现，变得不那么容易获取了。

所以，现在越来越多的企业开始使用无渐变色、去3D效果的扁平化风格图标。人们每天都在使用的Windows操作系统的标志就在悄然发生改变。

【案例4-9】微软视窗操作系统风格的变化

图4-14　WIN7操作系统图标

图4-15　WIN8操作系统图标

不难发现，在Win7系统，视窗的标志还在采用渐变色，而从Win8开始，视窗的标志已经变成了纯色，开始启用扁平化风格的标志，并沿用至今。

其实这并不是个例，这样的变化也体现在手机界面的设计上，包括苹果、华为、小米等在内的手机操作界面都在使用着扁平化的设计风格。

（12）纯色背景图片

在夜幕降临或黎明破晓时，天上会出现一颗非常闪亮的星星，古代中国人把它称为"太白金星"，现在我们也称其为"启明星"。可是，这颗星星仅在黑夜的开始、结束两个端点最容易辨识，当夜色渐浓后，却很难在满天星辰中找到它的踪迹。

幻灯片中的重要信息就如同太白金星，需要排除一切干扰时才能更为容易识别。所以，在制作整图型幻灯片时，建议各位选择纯色背景的图片，这样更利于突出画面的重点，在画面留白处的文字也更容易突出。

【案例 4-10】让幻灯片背景与图片背景一致

图 4-16　幻灯片背景颜色与图片背景颜色不一致造成的失败案例

【案例点评】

图 4-5（参见本书第 126 页）是图 4-16 修改以后的版本。在原作，即图 4-16 上，因为背景色有黑、白两种，题头使用了红、灰两色，满幅的文字盖在了人物面部，让画面显得重点非常不突出。

在扩大和延展了照片的黑色背景后，调整了文字的位置、字体和字号，因此图 4-5 的主题更突出，内容层次更分明，大大降低了学生的信息追寻捕捉成本。

【操作提示】如何填满图 4-16 的白色背景

★ Microsoft Office Powerpoint 2016

鼠标右键—设置背景格式—纯色填充—颜色—取色器。

★ WPS Office 演示 2019

鼠标右键—背景—纯色填充—颜色—取色器。

（13）去除图片背景

有时候，虽然我们使用了纯色作为幻灯片的背景，但图片自带的背景会让图片与幻灯片割裂开来，显得异常突兀。这时，我们不妨使用幻灯片设计软件提供的"设置透明色"功能，一键将图片背景"抠掉"，留下主体部分。

【案例 4-11】"秒去"图片的背景色

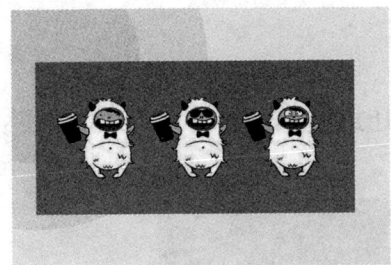

图 4-17　设置透明色前、后画面效果

【案例点评】

图 4-17 左侧图中，三只小羊的图片使用了蓝色背景，让观众的视觉集中在这一蓝色色块上，忽略了小羊这一主体。而右侧图使用了"设置透明色"抠图后，让小羊与幻灯片融为一体，显得更为协调。

【操作提示】如何去除图 4-17 的蓝色背景

★ Microsoft Office Powerpoint 2016

点击图片—格式—颜色—设置透明色—点击蓝色部分。

★ WPS Office 演示 2019

点击图片—设置透明色—点击蓝色部分。

（14）增加蒙板色块

制作幻灯片时，相信不少设计者都有这样的感受，要找到一张理想的图片并非易事。要么是图片过小，要么是图片背景过杂，文字难以显现。

图片过小倒是好办，通过搜索引擎的"以图识图"功能通常可以找到"高清无码大图",再不济也能找到相似的图片。但是如果遇到图4-18的情况,往往就容易让人抓狂。如果"简单粗暴"一点,可能会做成图4-19的效果。

【案例4-12】增加蒙板色块让文字更清晰

图4-18　幻灯片背景图片与文字杂糅

图4-19　减少图片比例后的画面效果

图4-20　增加蒙板后的画面效果

【案例点评】

做成图 4-19 的效果倒也还不错，至少基本符合黄金分割比例的基本构图要求。可怎么看，文字和图片都是分开的，没有融为一体，仿佛图片是为了存在而存在。

在图 4-18 的基础上，图 4-20 增加了一块由白变透明的蒙板，既让设计者希望突出的文字信息得以清晰显现，也在相当大程度上保持了全图风格幻灯片的背景效果。

【操作提示】如何增加渐变蒙板

★ Microsoft Office Powerpoint 2016

插入—形状—矩形—右键—设置形状格式—线条—无线条—填充—渐变填充—渐变光圈—只保留 2 个光圈—2 个光圈设为白色—调整光圈透明度、角度。

★ WPS Office 演示 2019

插入—形状—矩形—轮廓—无线条颜色—填充与线条—渐变填充—删除渐变光圈—只保留 2 个光圈—2 个光圈设为白色—调整光圈透明度、角度。

（三）容易聚焦

我们发现，不管是"憋"出来的幻灯片，还是"集大成"而成的幻灯片，都容易出现一种通病，那就是视觉上的混乱让人难以聚焦关键信息。除了在颜色使用方面下功夫外，我们还将在本章的"观众品评幻灯片的秘密"部分进行详细说明。

（四）文字精练

在新闻报道中，记者和编辑们都力求以最少的文字表达更多的信息，这种惜字如金的职业态度成就了不少优秀新闻工作者，也成就了相当多的优秀稿件。对于可要可不要的信息，合格的记者和编辑们都会视同不需要的信息，大笔一挥，直接删掉。

对于幻灯片的文本制作，我们也应当学习这种处理文字的理念，力求让有限的幻灯片版面呈现出更有力量的信息。

【案例4-13】幻灯片需要精练文字

图4-21 文字精练前

图4-22 文字精练后

【案例点评】

"方案一以当地传统古桥文化为创作元素，采用复古型拱桥。桥梁采用单跨 70m 的钢筋混凝土上承式箱型拱桥，桥梁全长 87.8m，桥梁造价约为 870 万元，施工方法为支架现浇。"图 4-21 中的描述文字是这样写的。

我们发现，这段文字的行文方式应用了比较典型的口语思维，之所以书面感很强，是因为段落中出现了大篇幅的专业术语。要想把文字做到精练，不妨做以下三项工作。

1. 将描述性文字用口语表达

"方案一以当地传统古桥文化为创作元素"一句如果放在幻灯片里，虽然能表达一定的信息，但这些信息未能充分展开，不妨把这些信息用老师讲述的方式呈现。例如："方案一的创作灵感来自于一座具有上千年的古桥，这座古桥坐落在我市的××古镇，也就是这条河的上游。当游船经过这里时，游客可以思古畅今，会别有一番意蕴。"

2. 只保留一个共同主语

"桥梁采用单跨 70m 的钢筋混凝土上承式箱型拱桥，桥梁全长 87.8m，桥梁造价约为 870 万元，施工方法为支架现浇。"这部分的文字中，共同的主语是"桥梁"，是可以精简的信息。

如果把原文改成："桥梁采用单跨 70m 的钢筋混凝土上承式箱型拱桥，全长 87.8m，造价约 870 万元，支架现浇法施工。"整个语句就显得更加干练，不仅去除了冗余信息，语序也更符合阅读习惯，去除了冷冰冰的"理工味儿"。

3. 提炼关键词语成为标题

"复古型拱桥"是本设计方案的核心所在,但在页面中并未体现,不易给人留下印象。如果剩余的其他方案也能够把类似于"复古型拱桥"这样的命名单列出来,作为介绍性文字的标题,则可以让学员接受信息时更清晰(如图 4-22 所示)。

(五)信息适量

楚国宋玉曾谓邻家女儿"增之一分则太长,减之一分则太短",这是比喻恰到好处的经典名句。而我们常见到的幻灯片,则大多只长无短,长篇累牍式地堆砌文字。因此,对这类幻灯片做减法就显得非常重要,也非常必要。

一般来说,有以下三种处理方法将问题解决。

1. 分屏展示

对于文字较多但又难以删减的幻灯片,建议通过将一张幻灯片分成 2~3 张展示的方式呈现。这样既保持了文字原貌,又给画面突出足够的留白,不至于让学员过于厌烦。

2. 分次展示

其实,幻灯片的文字不怕多,但最怕一次性全部出现。当一版文字"duang"地一下出现在学员面前时,相信大部分学员当时就会惊呆。既然呆了,往下继续看的欲望自然会大幅衰减。如果能够让文字视觉化,并根据老师的讲解依次展示,那么课程的讲授效果将会好很多。

【案例 4-14】文字过多时应分次出现

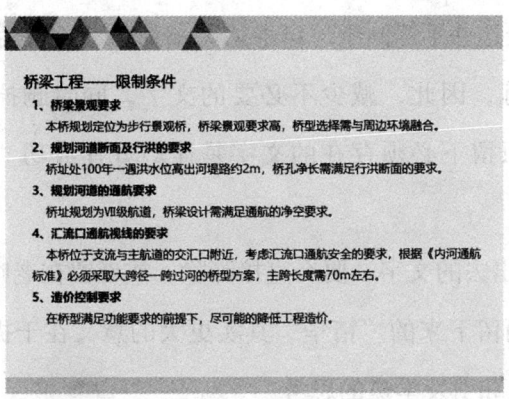

图 4-23　文字过多造成观众视觉疲劳

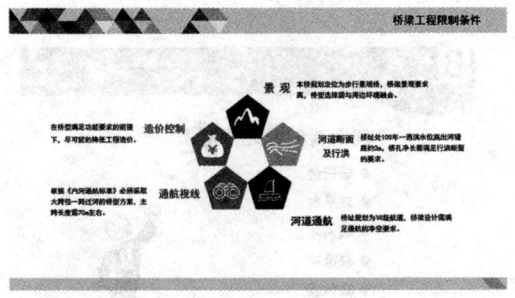

图 4-24　动画依次出现后的最终效果

【案例点评】

图 4-23 的文字过多,一次性全部出现,学员难以在第一时间捕捉到自己想要进一步了解的信息。

图 4-24 则通过动画的方式,首先说明桥梁工程限制的五大条件,然后依次展开说明。每说明一项限制条件,相关的说明性文字才出现。这样的处理方式,不仅让学员感受到幻灯片制作者的设计感,让学员可以跟随老师的讲授一步步往下深入了解,还

为老师的授课效果增加了层次感。

3. 减少文字

口语表达并不等同于"口水话",幻灯片上的文字更需要对文字进行精练,因此,减少不必要的文字,同时删掉可要可不要的文字,只留下必须存在的文字是让幻灯片成功"瘦身"的必杀技。

"瘦"出去的文字,要么直接筛除,或者留在老师讲授时用语言呈现。而留下来的"精华"其实更大的意义在于提示老师,便于学员记录和引发学员的思考。

【案例 4-15】幻灯片要精简多余文字

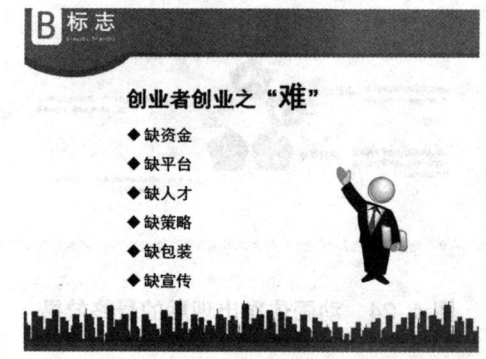

图 4-25 标志平台科技推介会幻灯片原稿内页

图 4-26 标志平台科技推介会幻灯片修改稿内页

【案例点评】

图 4-25 是某公司内训讲解创业大环境时所用的幻灯片，幻灯片设计者将创业难归结于六个"缺"，于是用了简单罗列的方式将这六条逐一展示。画面直白，设计感不强，难以调起受众的兴趣。

图 4-26 则将"难"字提取并放大，设置在右侧分割线与下侧分割线的交叉点，与画面中双手捂脸的男人形成呼应，加强了"难"字的效果。较大的"缺"字统领了资金、平台、人才、策略、包装、宣传等诸多信息，一并安排在下侧分割线附近，引发受众关注。

（六）字体匀称

线下的微课程，老师们时常通过投影仪、电视机、液晶显示器，甚至手机屏幕来播放幻灯片，囿于设备的限制，一些文字显示起来并不十分惹眼，对于部分文字，学员需要打起十二分精神才能看得见，或者说是"猜出来"。

线上的视频类微课程，学员仅通过液晶显示器和手机观看，大篇幅的文字会令人观看不清，线条过细的文字看起来也异常吃力。

因此，使用恰当的字体制作幻灯片变得特别重要。

一些老师直接从单位下发文件的电子版上将文字 copy（复制）到幻灯片上，一些老师按照自己的审美需求使用了隶书、舒体等字体，也有一些老师干脆不改幻灯片制作软件的默认字体……而按照以上方式制作出来的幻灯片往往很容易出现"画面太美，令人不敢直视"的现象。

那么什么字体合适呢？我们看下面两组字体：

衬线体　　　　　　　**非衬线体**

不难看出，使用了黑体字的"非衬线体"更具识别度，同是一样的字号，同是加粗的格式，但其更显著，更容易让人看清晰。而使用了宋体的"衬线体"则显示有些弱弱的感觉，因其过于强调横竖笔画的对比，在远处观看或者使用小屏幕观看时，横线被弱化，容易导致识别性下降。

因此，在幻灯片的设计中，我们应尽可能地使用非衬线体，也就是那些横、竖、撇、捺、点等笔画一般精细的字体。常见的非衬线体主要有黑体、微软雅黑、等线、幼圆等字体，其中以加粗的微软雅黑体作为标题为佳。

另外，宋体、仿宋、小标宋、楷体、姚体等字体在起笔和落笔处都有额外装饰，笔画粗细也有较明显差异，在制作幻灯片时慎用。

三、观众品评幻灯片的秘密

托尔斯泰在《安娜·卡列尼娜》中写道：幸福的家庭有同样的幸福，而不幸的家庭则各有各的不幸。这句话放在幻灯片的制作领域中，我们似乎可以改成这样，让人赏心悦目的幻灯片有着同样的美学特征，而那些让人不忍直视的幻灯片却如群魔乱舞，野蛮生长。

（一）整体、系统、美观

我们判断一张幻灯片好看不好看，往往先从这套幻灯片的整体布局来着眼。在观看幻灯片的同时，不经意地在观察这套幻灯片的字体、符号、图标、图片、行文规范、呈现逻辑是否自成系统，我们更希望看到的是一个有设计感的幻灯片，而不是东拼西凑的大杂烩。

【案例 4-16】细节不成体系的幻灯片

这是一套养生课程的幻灯片，制作者不可谓不用心。他从内容选取到图片选择，从排版布局到背景图样都有过思考。

图 4-27　太极拳、八段锦修改前幻灯片

图 4-28　五禽戏修改前幻灯片

【案例点评】

这两张幻灯片总共讲了三种中国的传统养生方法，但是画风却截然不同。图4-27使用的是实拍照片，为左右布局，背景使用了清新淡雅的国画荷花图样。图4-28使用的是复古风的五禽戏招式图样，背景使用的是做旧的锦缎花纹。单看其中任何一张幻灯片，其中的信息组合都可自成一体、主题突出、表达明确，虽有瑕疵，但作为教学应用也算基本合格。但是如果两张幻灯片放在一组幻灯片中先后出现，则容易让人有拼凑的感觉。

两张幻灯片使用的图样、背景、字体、构图都不相同，整体、系统的要求就很难达到，学员在美观方面的感受就会大打折扣。

【案例4-17】让人有成套设计感的幻灯片

图4-29　太极拳修改后幻灯片

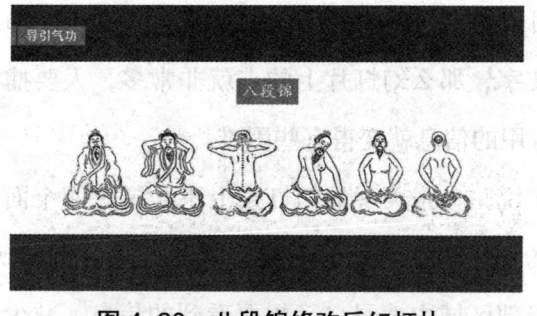

图 4-30 八段锦修改后幻灯片

图 4-31 五禽戏修改后幻灯片

【案例点评】

对于【案例 4-17】幻灯片中出现的问题,我们采用统一背景、字体、构图的方法,将三个内容从两张幻灯片拆分成三张幻灯片,整组幻灯片就显得协调一致,显现出截然不同的效果。

总之,只有做到了整体、系统,整套幻灯片才会美观。

(二)点、线、面

如果幻灯片上的文字过多,会增加学员的信息追寻捕捉成本。所以,当学员看到满屏文字的幻灯片后,出现低头私语、玩手机、处理工作一类的走神现象也就不难理解了。

我们可以把幻灯片上每一个文字视为一个点，如果整张幻灯片全都是文字，那么幻灯片上的点就非常多，人要捕捉自己最感兴趣、最有用的信息就变得有些困难。

一般来说，一张美观的幻灯片上不会超过四个面、少于三个面。而线的作用则在于把若干文字区分开来，引导观众的视线，让他们在局部区域内搜寻自己想要看到的信息，减少他们的信息追寻捕捉成本。

让我们将图 4-1 和图 4-2 进行比较。

图 4-1（参见本书 119 页）的第一张图背景杂乱，由若干个面构成，再加上画面正中的椭圆和椭圆上的若干文字，整个画面就显得面过多了。

图 4-2（参见本书 121 页）的第一张图背景相对纯净，两条竖线很容易把观众的视线吸引到图片的正中间，再通过线条引导视线，几何图形突出重点，整个画面就变得非常协调，观众看上去就不会觉得很累。

（三）主要、次要、辅助

要让学员觉得不累，就要减少他们对于信息的追寻捕捉成本。要想减少这个成本，首先就要弄清楚你想要表达的是什么。而这一点恰恰是一些老师最不容易弄清楚的地方。

在课堂上，"教材搬家"的现象比比皆是。一些老师直接把教材上的文字敲进幻灯片，以为有了这些文字的辅助，自己就可以"高枕无忧"，既不会走题，也不容易漏掉任何信息，学员没有到教室也可以照样学习到知识。殊不知，这样的结果很容易给学生造成"照本宣科"的印象，他们的学习效果自然不会好到哪去。

当然，也有一些老师认为自己要讲的知识都非常有用，必须把所有对学员有帮助的信息全然展示。虽然他们不会把所有要讲的话全然照搬，只放一些关键信息，但是他们的关键信息展示就好像建筑工人砌的砖，不论知识点大小，也不论重要与否，都做成统一尺寸，逐一码好。这样重点不突出、要点不明确的信息就好像天上的繁星，虽是满天星光闪闪夺目，可你却找不到你最想看到的那颗太白。

更有甚者，有些老师在讲课之前没有制作课程大纲，也没有列出知识要点，把当下想到的内容直接做进幻灯片。他们在讲课时，临时想到什么内容需要讲授，又临时把内容加进课程。这些老师自己都很难准确把握课程的重点和难点，在制作幻灯片时就很难有突出重点的意识和能力。

因此，我们在制作幻灯片前必须对课程的逻辑进行梳理，明确哪些内容需要放进幻灯片，哪些内容需要使用老师的口头语言或其他方式来表达。

在明确了需要放进幻灯片里的信息之后，我们需要进一步对信息进行整理，去除那些可要可不要的内容，只留下必须存在的信息。同时对留下的信息进行精加工，将信息分为"主、次、辅"三大类。

1. 主要信息

这是当前幻灯片中你最想表达的信息，是课程的主干，也是最能引发学员关注的内容。一般以疑问句、陈述句和祈使句的形式出现，字数不多、字号偏大、颜色醒目、重点突出。

只有让学员第一眼就关注到主要信息，让主要信息所表达的内容引起他的兴趣，次要信息和辅助信息的存在才会变得更有价值。

2. 次要信息

这是帮助说明主要信息的内容，可以是你的几个分论点，也可以是你对于主要观点的阐述说明，一般以陈述句的形式出现，字数稍多、字号适中、用色沉稳。

3. 辅助信息

有些知识点的体量非常大，光靠主要信息和资料信息很难全面、系统、客观、准确地表达，必须辅以一些内容加以说明。也有一些知识点过于微小，在幻灯片呈现时显得画面过于空洞，缺乏美感，必须增加一些文字帮助画面显得更丰满，变得更有层次感。还有一些知识点引用的数据非常多，老师很难准确、及时地把所有数据都讲清楚，必须通过文字提示，让课程显得数据翔实、真实可靠。

这些时候，辅助信息就可大展拳脚，不仅让画面变得更加美观，同时也让课程的呈现效果得以保证。

（四）对象、目的、作用

要想让整套幻灯片显得整体、系统、美观，我们可以依靠使用统一的图标、颜色、构图、字体、字号这些办法来达成，也可以通过线条的指引，减少"点"、控制"面"来达成，但是要想明确主要、次要和辅助信息，最根本的核心工作是要把握好课程的对象、目的和作用。

1. 用学员接受的方式展示你的内容

如果你的学员是一群"00后"，你想表达对他们的赞扬时，使用的是"70后"和"80后"所惯用的词语和句子，也许你竭尽全力，却不如"666"这三个数字来得直接有效。

在幻灯片的呈现方面，也有类似的现象。如果老师仅以自己想要表达的内容作为切入点，忽视了学员接受信息的习惯，那么幻灯片就算做得再精美、用词再准确，也很难引起学员的共鸣。

如图4-32（参见本书157页），幻灯片使用了"老王"的梗，也用了"惊（jīng）喜（xià）"的表达方式，更符合新生代学员的信息接受习惯。

2. 教学活动本身具有很强的目的性

我们现在经常说"无问题不培训、无需求不学习"，这说明教学活动本身就具有很强的目的性。在制作幻灯片时，所有的幻灯片都必须围绕着教学活动的目的设计。否则，就算学员对幻灯片再认可，听得再认真、再仔细，我们还是很难达到教学目的，整个教学活动是失败的。

3. 幻灯片应与其他教学方式共同作用

幻灯片不是教学活动的全部，它只是教学活动的一种辅助工具，不能出现那种离开幻灯片就讲不了课的现象。既然它是一种工具，那么它自身就会存在着一定的弊端，仅靠幻灯片一种方式来讲课，很容易让学员出现"接受疲劳"的现象。因此我们需要幻灯片与其他教学方式共同作用，让课程层次变得更加的丰富。

【小结】

学员在观看幻灯片时，最直观的感受是幻灯片是否是整体、系统和美观，而整体、系统和美观往往可以通过减少"点"、控制

"面"、统一视觉要素的方式来达成,要谋划好点、线、面的布局必须要有主要、次要、辅助信息的区分意识和能力,而这一切的思维都来自授课老师对课程对象、目的和作用的总体把握。

以上是我们从学员的角度,逐层展开制作幻灯片的应有思维和科学流程。但是,从制作者的角度出发,我们在制作幻灯片时应当反其道而行之:首先设定好课程的授课对象、课程目的和幻灯片在课程中的作用,接着设定好主要、次要、辅助信息,然后通过点、线、面的方式,结合符合人类信息捕捉习惯的布局方法,达到整体系统和美观的效果。

第二节 微课程合用的幻灯片风格

一、全字型幻灯片

都说需要图文并茂,全字型幻灯片是什么样的?观看整个画面只有文字的幻灯片是种什么样的感受?我们来看高桥征义创造的"高桥流"是什么情况。

据说高桥征义有一次参加演讲活动,由于演示工具的限制让他难以运用传统的方式展示。但是这次看似不完美的演讲,却造就了一种全新幻灯片风格的产生——当时,高桥征义使用HTML(起文本标记语言)制作幻灯片,展现在观众眼前的是一个个巨大的文字,一张张完全没有图片的幻灯片。

与其说高桥征义的智慧挽救了他当时的演讲,倒不如说他的这次无奈之举缔造了一个新纪元。近些年，极简风格的幻灯片开始在全球各地被广泛认可和使用，被称为"高桥流"，也被称为全字型幻灯片。

全字型幻灯片不仅是苹果、华为、小米等企业在路演时使用，也有些老师用于课件制作。

【案例4-18】《共享客户解决汽机油销售难题》幻灯片

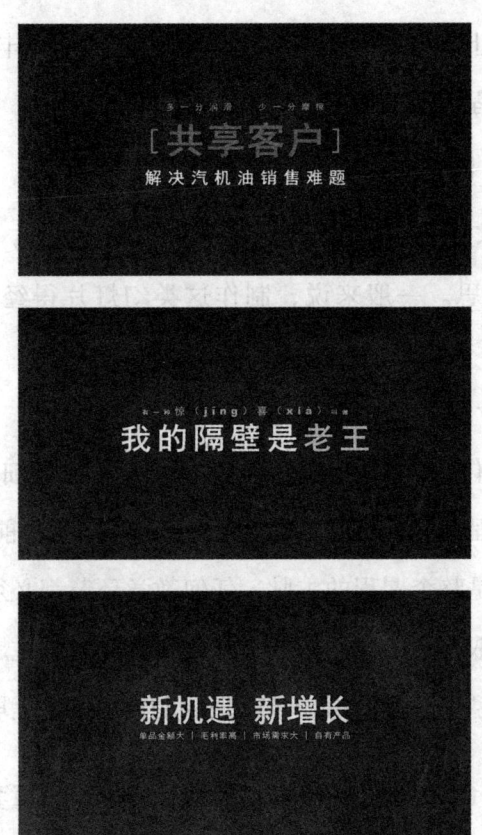

图4-32 《共享客户解决汽机油销售难题》微课程幻灯片内页

【案例点评】

这是一组比较典型的全字型幻灯片,是线下微课程《多一分润滑 少一分摩擦——共享客户解决汽机油销售难题》的一部分,整个时长 9 分钟的微课程共设计了 9 张幻灯片。

整套幻灯片均以巨大的主题文字配以较醒目的说明性文字呈现,主讲老师用快节奏的方式讲解。简约而醒目的文字赋予了强烈的视觉冲击力,快速翻动的幻灯片让学员的关注点始终跟随主题前进,再加上老师对于幻灯片文字的包装,结合丰富的授课经验,这堂微课程达到了预期的效果。

(一)如何制作全字型幻灯片

全字型幻灯片看似简单,文字精练、言简意赅,但制作起来还是得花些心思。一般来说,制作这类幻灯片得经过以下四个步骤。

1. 第一步:提取重点信息

微课程的体量小、时间短、聚焦问题、着眼细节,所以必须提前做好课程大纲。如果是视频微课程,还需要提前做好摄制脚本。课程大纲是整个课程的主脉,任何教学环节都必须围绕开展。从课程大纲提取重点信息则可以避免幻灯片制作时主题"跑偏"。

制作全字型幻灯片的第一步就是从课程大纲中提取重点信息。

【练习 4-1】找到"优秀幻灯片六大特征"的重要信息

以本章知识"优秀幻灯片六大特征"为例,本节内容的重点信息是让学员知道优秀幻灯片拥在的共同特征有哪些,具体分为"构图整齐、容易聚焦、色彩协调、文字精练、信息适量、字体均匀"六点。

因此，可以将所有信息归纳为：优秀的幻灯片作品有六点共同特征，这六大特征分别是构图整齐、容易聚焦、色彩协调、文字精练、信息适量、笔划均匀。

2. 第二步：区分重要程度

幻灯片的层次感、逻辑性可以通过信息的重要程度体现，提前区分好信息的重要程度，不仅有利于老师讲解，也利于学员接受新知。

【练习4-2】"优秀幻灯片六大特征"幻灯片的重点区分

作为一个重要内容的起始部分，且六大特征所包含的信息量都很大，需要分别单独呈现，因此这一页幻灯片的作用在于总承之前的案例，转接即将分别介绍的六大特征，本页幻灯片信息分层情况如表4-3所示。

表4-3　幻灯片信息分层分析表

信息层次	文字描述
主要信息	优秀的幻灯片作品
次要信息	有六点共同特征
辅助信息	构图整齐、容易聚焦、色彩协调、文字精练、信息适量、笔划均匀

3. 第三步：包装关键信息

我们在草拟大纲时，通常使用的是较为直白的语言，简单而又能够说明问题，更具理性特征。但是幻灯片是一种视觉工具，我们需要转换思维方式，用制作幻灯片的思维来构建整个页面。

所以，对于信息的适度包装就变得很有必要。

【练习4-3】对"优秀幻灯片六大特征"幻灯片的包装

在"优秀幻灯片六大特征"这一知识点的前一部分，我们曾用两个版本的幻灯片作品进行对比，得出后者更优秀的结论。

"优秀"二字虽然直观，能够表明事物本质，但在视觉效果上却欠缺了文学性，听感上也较为普通。于是，我们把"优秀"的概念进一步外延，用"出类拔萃"一词取代。

在这个案例中，重要信息和辅助信息互为因果关系。在去除冗余文字后，我们可以将三层信息包装如表4-4所示。

表4-4 幻灯片分层信息包装表

信息层次	原文描述	包装后描述
主要信息	优秀的幻灯片作品	出类拔萃
次要信息	有六点共同特征	只因六点
辅助信息	构图整齐、容易聚焦、色彩协调、文字精练、信息适量、笔划均匀	构图整齐、容易聚焦、色彩协调、文字精练、信息适量、笔划均匀

4. 依照章法布局

全字型幻灯片的版式相当简单，常见的就是以下三种，简单易上手。

第一，以大带小式。

案例4-18中展示的三张幻灯片就是比较典型的以大带小式。这类文字一般都以"主要信息＋次要信息"或"主要信息＋次要信息＋辅助信息"的方式出现。

主要信息采用最大字号，以极简的关键词或词组出现。其余信息按重要性不同，字号依次递减，位置也相应调整。图 4-33 就是比较常见的以大带小式布局。

第二，单行文字式。

想要引起观众关注，除了巨大无比的文字能做到，单行文字式的布局也可以，图 4-2 中的第一张幻灯片（参见本书 120 页）就是很好的证明。没有多余描述，只有寥寥数语，一行字与大面积留白之间形成的反差很容易把观众的视线牢牢牵在手里。

第三，竖式分列式。

因为缺少主要信息，若干信息分类罗列会显得有些"无厘头"，不容易让人明晰此间关系，所以这一类的布局方式单独使用得较少，一般会配以单行文字或以大带小的文字群组共同使用，图 4-2 中的第二张幻灯片（参见本书 120 页）便是例证。

【练习 4-4】设计"优秀幻灯片六大特征"总领幻灯片

统合本章知识和前面的练习得出的结论，我们设计了两稿"优秀幻灯片六大特征"总领幻灯片。

★ 第一稿：文字居中式

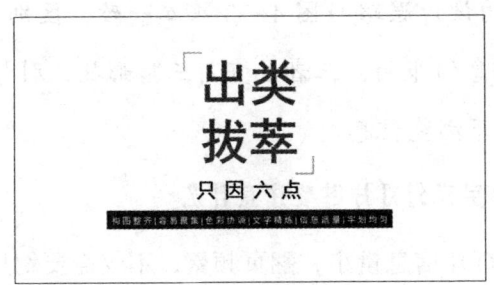

图 4-33　文字居中式布局

本设计将重要信息"出类拔萃"放在最显著的位置，配以醒目的颜色，使用大字号、加粗字体，并使用线条勾勒，能够让观众迅速聚焦。

次要信息"只因六点"字号相对较小，未对字体加粗，用了较常见的深灰色填充文字，能够与主要信息区分开来。

辅助信息"构图整齐、容易聚焦、色彩协调、文字精练、信息适量、笔划均匀"仅用了一个色块收纳，处于画面的最下方，并不起眼。色块的使用使画面的重心下沉，整个画面呈等边三角形，稳重、大方。

★ 第二稿：左侧对齐式

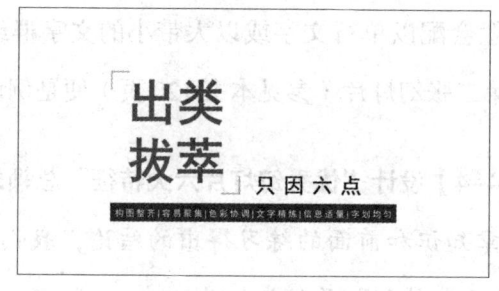

图 4-34　左侧对齐式布局

图 4-34 的设计思路与图 4-33 基本一致，区别在于主要、次要和辅助信息的布局，三者呈直角三角形状，引导学员从左至右，从上至下浏览信息。

（二）用全字式幻灯片时要注意什么

全字式幻灯片信息量小，翻页频繁，不仅需要幻灯片设计者在制作时避免设计得过于呆板，还对授课老师提出了较高的要求。

使用全字式幻灯片讲课，需要老师有较强的口头表达能力，因为学员在幻灯片上没有更多的信息可关注，如果老师的控场能力不足，很有可能造成学员走神。

二、整图型幻灯片

古人云"百闻不如一见"，现代人讲"无图无真相"，摄影记者称"一张照片胜过一千文字"，幻灯片设计界说"文不如表，表不如图"，足以说明图片对于人类信息传递有多重要。

然而，在授课过程中，大量"神一样存在"的作品不时涌现，时常让学员们欲罢不能。有些老师在设计幻灯片时，喜欢堆砌大量小清新的可爱图片，让学员在第一时间感受到了来自"芭啦啦小魔仙"的祝福。我见过一位老师在讲高空作业安全微课时，幻灯片上配了一个挥手擦玻璃的GIF动画小人。在老师授课的时间里，这个小人的手一直没有停过，而一些学员的眼神也从未离开过这个小人，老师讲的内容反而被忽略了。

那么，制作整图型幻灯片应当注意些什么呢？我们不妨先从图4-4（参见本书125页）、图4-20（参见本书140页）、图4-26（参见本书146页）图4-29（参见本书150页）、图4-30（参见本书151页）、图4-31（参见本书151页）等整图型幻灯片中找找答案。

不难看出，整图型幻灯片几乎拥有了全字式幻灯片的所有优点，配以点睛的图片后，整个幻灯片显得更加的直观、逼真、有趣了。是的，如果当你已经具备了设计全字式幻灯片的能力，设计出一张漂亮的整图型幻灯片不会成为难事。

（一）如何制作整图型幻灯片

整图型幻灯片的制作基于全字型幻灯片，两者大部分的制作流程基本一致。不同的是，整图型幻灯片需要寻找一张大图作为底。

1. 第一步：规整信息

制作整图型幻灯片，先参照制作全字型幻灯片的前三个步骤提取重点信息、区分重要程度、包装关键信息。这三个步骤完成后，即可进入下一步。

2. 第二步：寻找图片

找图？上哪儿找？怎么儿找？哪有高清无码的大图？这些是常常困扰着幻灯片制作者的问题。我们介绍两个好用的招数，帮助你找到较为理想的图片。

第一招：关键词搜索。

规整信息之后，我们可以清晰地看到每一张幻灯片需要呈现什么信息，使用什么关键词表达。于是，我们便可以利用这些关键词在搜索引擎寻找图片。

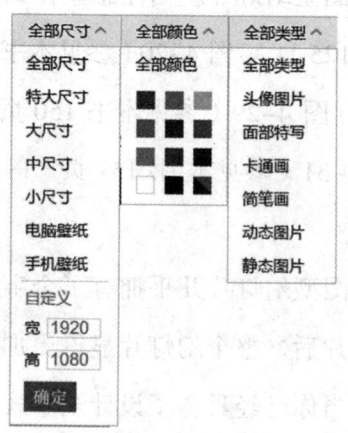

图 4-35　关键词搜索筛选功能

时下最热门的搜索引擎都提供了图片搜索功能，只要我们在导航条上录入幻灯片重要信息的关键词，相关的图片就会出现。我们需要做的，是使用搜索引擎提供的图片大小、颜色等筛选功能进一步缩小范围。

一般情况下，通过筛选，我们很容易就能得到想要的图片了。但是，一些极例外的"人品考验"来临时，你不妨试试关键词的同义词或近义词，甚至可以尝试与该词相关的事物名称作为关键词。实在不行，还可以试试这个词的英文。

【案例 4-19】中英文关键词搜索结果对比

（1）

（2）

图 4-36 （1）用中文"成长"关键词搜索图片结果

（2）用英文"GROW"关键词搜索图片结果

【案例点评】

当我们使用"成长"一词搜索图片时,出现的首屏信息大多是更符合低幼使用的图;而当我们使用"GROW"搜索时,首屏图片的画风与中文搜出来的却截然不同。

第二招:以图识图。

有时候,我们发现好不容易找到的图片像素太低,一旦放进幻灯片拉大当背景,大块大块的马赛克就开始显现。在这时候,我们不妨使用以图识图的功能,让搜索引擎帮助你找到想要的高清无码大图(如图4-37所示)。

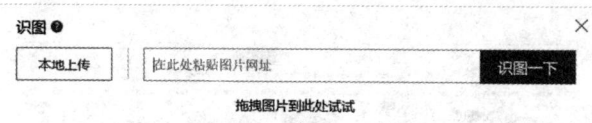

图4-37　上传本地图片识图功能界面

一般情况下,以图识图的功能都可以找到较大像素的高清图片。如果你对最终找到的图片还是不满意,不妨试试页面上的相关图片,或许你想找的图正在那里等你(如图4-38所示)。

图4-38　搜索图片结果的相关图片界面

第三步：按章排版。

我们寻找图片时，尽可能地找一些留白足够的照片，一方面显得画风比较接近，另一方面也便于我们安排文字。如果确实很难找到留白足够的图片，增加蒙版的技术或许可以帮到你（图4–20，参见本书 140 页）。

（二）用整图型幻灯片时要注意什么

1. 图片要贴合主题

不论全字型幻灯片还是整图型幻灯片，它们的作用都是帮助老师讲好课程，帮助学员学好课程。因此，在选择图片时，万万不可以个人好恶作为选择评判标准，所有图片和文字的选择都必须紧紧围绕课程目的和课程气质。

2. 图片要有冲击力

学员希望图文并茂，但并不喜欢图文"乱冒"。缺乏设计感的幻灯片所用的图片通常缺乏应有的冲击力，难以吸引学员关注，也不容易给学员留下深刻印象，更不用提能帮助学员识记信息了。

3. 图片风格要一致

因为通过搜索寻找图片，很有可能一套二十多张幻灯片的图片就来自二十多个不同的网站。拍摄时间不同、拍摄角度不同、用光风格不同、表达主题不同……因而，在选择图片时，坚持相对一致的图片风格就变得很重要，因为图片风格也会直接影响学员对你的课程评价。

第五章

音频类微课程如何制作

第五章 音频类微课程如何制作

2016年前后,微信群上的语音微课程火爆一时。每到夜幕降临,各种微信群就开始活跃起来。这些语音微课程主题,既有生产管理,也有亲子关系;既有销售技巧,也有学历教育。但凡你想得到的课程,在微信群里都能找到身影。担任主讲的老师,既有专项领域的大咖,也有生产一线的能手;既有在校的老师,也有到处授课的职业讲师,甚至还有来自身边的普通人。

这些微课程中,有免费的分享课,也有由你随心"打赏"的体验课,还有每次仅需花费不到10元的热门课程。如此空前的远程学习热潮,把微课程真实地带到了每个热衷于学习的人的身边,以至于有些人认为微课程就是在微信群里听到的那些课程。

随着大众在互联网上为知识付费已经成为习惯,更多老师和培训机构利用各种渠道推出微课程。在微信公众号、微信小程序、微博、博客、学习APP、企业内部学习平台、互联网站上,微课程的踪影越来越多。

在众多门类的微课程中,音频类微课程因为其便于接收、制作成本低、交互效果好、学习时效强,成为不少老师、培训机构和企业的首选。

第一节 音频类微课程的优势

以书面为主的函授教育恐怕算得上是最早的远程学习方式了，相比现在而言，当时学习知识和技术是一件多么不容易的事。

就算是20世纪80年代兴起的以广播电视作为媒介的远程教育，或者20世纪90年代以互联网为载体的远程学习，都不像今天这样方便，参与的学员规模也不如今天的人多。

音频类微课程如此受到人们欢迎，是音频类微课程本身的特质使然。

一、学员方便受限少

学员学习的便利性是影响一门课程是否可以顺利推广，甚至是一国教育能够持续发展的重要因素。音频类微课程以互联网PC端和手机端为载体，迅速地走近，并且走进了学员的世界。

（一）时空不限

早在2005年，微软就曾预言"手机将变得无所不能"，中国5G时代的到来和Wi-Fi技术的广泛应用，让音频微课程得以在世界的任何一个角落扎根，在任一时间，学员都可以根据自己的意愿，打开PC（个人计算机）或PAD（掌上电脑）播放音频文件，手机的应用则更不在话下。

（二）不占视觉

传统的学习方式，往往需要学员端坐在教室里，通过调动视觉、听觉等感官参与教学。而音频类的微课程不需要过多的视觉参与，大多数教学信息仅靠声音传播即可完成。

解放了眼睛和双手的学员，可以在任何他觉得合适的场合，以各种舒服的姿势，边干其他事情边学习。在遇到没听明白的地方，还可以通过音频回放或者即时问答的形式弄明白。

（三）占内存小

音频相对视频而言，对于互联网带宽的要求并不那么高，手机流量的消耗也不大，对于电脑和手机的内存要求也比较低。学习设备的低门槛，让更多有需求的人具备了收听音频类的微课程的条件。

二、开设课程成本低

有人说，企业内部讲师的活简直不是人干的。在不少企业，他们的内部讲师除了要安排年度培训计划，还得开发课程；除了组织学习，还要亲自授课；除了课后评估，还要课后跟进。

企业聘请职业讲师前往授课，单次培训的成本往往不低，除去讲师交通住宿和课酬成本之外，还必须承担学员们因为培训而造成的成本。而讲师因为授课地点不同，常常需要连夜奔赴另一座城市，舟车劳顿往往影响身体健康。

如果利用音频微课程，学员在任何时候都可以收听，企业和培训师开设课程的成本将大大降低。有位职业讲师在初试音频微课程大获成功后，逗趣地分享他的喜悦"妈妈再也不用担心我的飞机延误了"。

三、交互学习时效强

许多音频微课程采用了直播方式，在授课过程中和课程主体结束后设计了互动环节，用以检查学员的学习情况，纠正知识和技能的偏差，也为回复学员问题提供了窗口。

一些提供录播课程的平台，也设置了电子白板功能，学员可以通过在论坛、留言板等处与老师交流。一些比较有代表性的问题，以文字的形式被置顶显示，既便于学员解决共性问题，也有利于老师收集信息，为下次授课提供依据。

第二节 制作音频微课程的流程

音频微课程的制作是视频微课程制作的基础，其流程大体与视频微课一致。一般来说，都需要经过草拟课程大纲、选定课程套路、制作授课脚本、开展录制/直播等四大环节。

一、草拟课程大纲

罗晓老师曾在数十个培训班上做过专项调研。调研数据显示，在企业内部老师中，超过半数的老师没有写过课程大纲。在某些极端情况下，这个比例甚至达到80%以上。此外，作为商业老师，没有做出合格课程大纲的人也为数不少。

一些企业对于内训师的课程开发管理工作相对宽松，根本不要求内训师写课程大纲，只要内训师完成了授课即可。所以，这些企业的内训师根本不知道在授课前要写课程大纲，自然也就不懂得按什么要求写。

当然，也有些老师意识到课程大纲的作用是把握住整个课程的方向、目的、目标和内容，是非常重要的课程开发交付件和里程碑。但是苦于没有人教他怎么写，所以他们根本不知道标准和规范是什么样的。

经过系统培训的老师都知道，课程大纲不仅解决了授课老师自己在开发课程中的细节问题，也便于培训组织者组织相关学员前来学习，同时可以对培训过程进行把控，对课程进行课后评价。

在高校里，老师写大纲是他们工作中的重要组成部分。相当一部分的学校在职老师都是通过假期完成下一学期的课程大纲拟定工作。在商业课程培训机构中，课程项目经理也往往通过课程大纲的优劣程度来判断一名老师的优秀程度。

所以，我们必须重视草拟课程大纲的工作，不论是线下课程，还是线上微课程，我们都必须在正式开课前写好课程大纲。

在写好课程大纲后，建议所有的课程开发人员必须用"三读、三不、三评审"来衡量判断，看看自己的课程大纲是否符合基本标准。

（一）"三读"

所谓"三读"是指课程开发者在做完课程大纲后，以三种不同的角度来自评。

1. 培训需求者

在完成课程大纲的撰写后，课程开发人员的首要工作就是以培训需求者的角度来审视，看看自己写的课程大纲是否满足了培训他们的要求。

2. 课程讲授者

课程讲授者是课程的交付实施人员，他们是否可以把内容讲清晰、讲明白、讲透彻，他们可否通过练习让学生达成操作性课程目标。

3. 课程学习者

课程内容和授课形式是否匹配，是否符合课程学习者的学习习惯，是否让他们乐于接受课程内容。

（二）"三不"

"三不"指的是课程的内容不多、不少、不重复。课程内容既主题鲜明，又不累赘啰唆；既精简明了，又无重要缺失。

（三）"四评审"

四评审是指在大纲、课件、脚本等环节完成后，经过相关部门的评审。这是保证课程内容贴近实际，工具方法科学有效，课程可以落地执行的有效方法。

【关于大纲考评】

对于微课程大纲的考评，可以从内容相关部门、人力资源部门、专家、公司领导四个层次进行考评，具体要求如下。

内容相关部门：考虑课程是否按"关、小、实、精、专"五项要求建立，内容专业性、逻辑性、完整性是否符合要求。

"关、小、实、精、专"五项要求是指课程内容是否基于解决生产过程中的痛点、难点、关键点，立题是否过大，完成授课后是否能够解决实际问题，课程设计是否精致、精细，课程的专业性是否有偏差。

人力资源部门：课程大纲是否符合课程开发的规范，是否拥有推广、示范性，是否具备条件制作。

课程开发专家：课程主题是否吸引人，结构是否科学，制作难度是否可驾驭。

公司领导：课程主题是否符合公司战略需求，是否是近期重点投入的课题。

【模板5-1】

《×××微课程》大纲

【课程目标】

经过培训后，学生在××条件下，完成×××任务，达到××标准。

【授课对象】

员工层级/在岗时长/学生性别/专业工种等

【课程类别】

知识类/技能类

【学员收益】

技能层/知识层/思维层

【课程载体】

音频/视频/……

【课时安排】

××分钟

【课程大纲】

一、案例/故事/现象/现场操作开场

需要包含时间、地点、人物、事件起因、发展、结果等内容。

二、分析原因

（一）……

（二）……

（三）……

三、提出解决办法/操作步骤

（一）……

（二）……

（三）……

四、课程总结

【模板5-2】

表5-1 《×××微课程》大纲考评表

课题名称	
负责人	
主讲老师	

（续上表）

开发人	
大纲内容	
内容相关部门审核意见	
人力资源部审核意见	
专家审核意见	
公司领导审核意见	

二、选定课程套路

【案例 5-1】《要肉夹馍更要胡辣汤》

近年来，罗晓老师协助中国联通、国家电网、南方电网、中国农业银行、中国建设银行、广西教育厅、前沿商学院等单位开展老师的培训和评价工作。有一次，他来到某省会城市选拔商业老师。每位参加选拔的老师都有8分钟的展示时间，通过一门微课程展示自己的授课风格、控场能力、市场价值。

当参加选拔的老师们逐一上场后，罗晓老师发现，这些老师身上都带着深深的文化烙印，他们的学术级别都不低，在企业任职的经历也很丰富，授课时都是满满的"干货"，没有多余的水分，就好比肉夹馍似的能够给人以精神上的饱腹感。

可是，随着选拔时间的推进，一个个"肉夹馍"一一下肚，在场参加选拔评价的老师都坐不住了。因为"肉夹馍"的"水分"实在太少，想要来点"胡辣汤"，或者"凉白开"也行。

【案例点评】

相信不少人都有过类似的经历，一些老师授课时一味地只按理性的表达方式陈述信息，仅仅担任着信息播报员的工作，而没有通过必要的"润滑剂"让学员乐于接受知识和技能。这些老师不仅在学校里有，在企业里有，商业老师中也不少。

出现这类问题的老师中，一些老师儿时接受教育时，他的中小学教师就是这样单纯讲授式的授课，没有经过授课技能培训不知道还有别的方法，也没见过其他方法，只能"照着葫芦画瓢"。当然，有些老师也知道一些让课堂活跃的办法，但是毕竟要花心思设计课程。他们要么没时间，要么习惯了讲授法，不愿意再调整，索性还是"一言堂"讲到底。

对于患有"懒癌"的老师，相信他们自己也有解决方案，之所以没有治愈"懒癌"，恐怕还是因为"懒"的缘故。本书第三章介绍了架构微课程的套路，希望在课程的讲授方式上可以帮助到乐于改变的你。

三、制作授课脚本

我们常见的广播电视节目一般有两种——录播、直播，在播出前制作节目脚本是重要的一环，这是保证节目质量、避免出现重大差错的保证。不论音频微课程还是视频微课程，既有教育培训的属性，也有广播电视节目的特点。在制作音频或视频微课程时，我们可以借鉴广播电视节目的制作播出规律。

【案例 5-2】《五招破解"泛大空"》微课程录制脚本

表 5-2 《五招破解"泛大空"》微课程录制脚本

序号	标 题	内 容	方式	用时（分钟）
1	开场	问好、自我介绍	—	0.5
2	小韩的礼仪课	小韩老师到高校讲授求职礼仪，1小时课程花 45 分钟讲中外礼仪发展史，只用 15 分钟讲如何递简历、自我介绍和道别 在道别时，要求学生如奥黛丽·赫本一样用拎灯泡式的手势道别	讲授	2
3	小韩课程有问题	你喜欢这样的课吗？为什么？	设问	0.5
		主要问题：什么都讲，但什么都没讲透，出现"泛大空"现象	讲授	
4	"泛大空"的原因	需求把握不精准 培训目标不明确 教学设计不精致 培训组织不到位 课程开发不科学 授课技巧不圆熟	讲授	1
5	破解方法	关：业务痛点、难点、关键点 小：命题聚焦 以小见大解决问题 实：实际、实例、实用、切实 精：精心设计课程的每个环节、精心开发每一份教学文件、每一次课程都是精品课程 专：专注、专攻、专门、专业	讲授	5
6	回顾/结束	出现问题的 6 大原因 破解难题的 5 大办法	讲授	1

【案例点评】

这是一个 10 分钟微课程的录制脚本，主要针对老师授课时出现的"泛大空"现象提出五个解决办法，共设计了 6 个课程环节。在录制音频前，课程设计者依据这 6 个环节的先后顺序填写了脚本。

授课老师在录制或者直播课程时，拿到了脚本就知道整个课程应当怎么录制、哪个地方应当如何展开。如果是直播课程，课程设计者还可以根据内容需要，在授课方式一栏填上"在微信群发布文字""在微信群发布图片""在微信群发布幻灯片""向学员提问"等内容。

我们不太建议在没有脚本的前提下贸然录制或直播。没有对于整个微课程的内容、重点、节奏、方式进行科学的设计，那么课程的质量可能就只能靠老师的状态来决定了。

【音频微课程脚本考评】

音频微课程脚本的作用在于对拟制作和播出的音频微课程进行整体构思，将要制作的内容初步可视化，并从中发现问题并优化课程结构，主要由所在部门、人力资源部门、技术组、讲师组、专家等五方面负责考评，具体考评要求如下。

相关部门：把握具体情境与课程内容的匹配程度，对内容专业性进行把关。

人力资源部门：把握项目进度，课程结构是否符合大纲设定，课程考核方式是否科学。

技术组：从收音效果、直播软件、直播硬件、互联网带宽、手机信号、人员组织、物料准备等方面进行审核和预设，并依此安排人员、做好制作前的物料准备工作。

讲师组：从课程结构的完整性、科学性，课件制作的可用性，文字的口语转化角度进行评审，依据脚本做好拍摄前的备稿、服装、化妆等方面的准备工作。

专家：从大纲的总体上进行把关，从技术上给出指导意见。

【模板5-3】

表5-3 《××××》音频微课程录制/直播脚本

序号	标题	内容	授课方式	用时（分钟）

【模板5-4】

表5-4 《××××》音频微课程录制/直播脚本考评表

课题名称	
负责人	
主讲老师	
开发人	
相关部门审核意见	

（续上表）

人力资源部 审核意见	
技术组 审核意见	
讲师组 审核意见	
专家 评审意见	

四、开展录制/直播

（一）音频微课程的录音

完成了大纲、脚本后，我们就可以开展录制或者直播活动了。但是，我们知道，耗资投建一个专业录音间，对于一些企业和单个老师来说是很不值当的行为。花钱不说，还要长期占据有限的办公空间。所以，通过现有的硬件设备制作出一个性价比高的微课程才是王道。

【推荐硬件】

其实，利用好笔记本电脑就能解决录音的问题。但是，直接用笔记本电脑自带麦克风录音的效果仍然不够理想，至多只能排在第二梯队。我们力推的设备是数码摄像机、数码录音笔和智能手机！

数码摄像机是专业采集音频和视频的工具，数码录音笔的主要作用就是采集声音，手机的首要功能就是音频通话。对于不需要在电台或电视台播出的微课程而言，这三样工具采集的音频完全可以满足要求，就算放在液晶电视上播出，效果也可以保证。

【录音环境】

录音的前提是录音现场安静、无回声。也就是说，但凡你听得到的声音，就算再小也可能会被录进去。有着布艺沙发的中型会客室、拥有大量藏书的书房、供你睡觉的卧室都是录音的好地方。

总的来说，能够满足录音条件的地方有三个共同点，我们称之为"三无"环境——无回声、无异响、无干扰。要营造"三无"环境其实并不难，只要满足以下四点即可：一是墙壁不是玻璃一类的坚硬材质；二是房间不能过大、过空；三是房间内有大量吸音作用的物品；四是房门可以隔开不必要的声音。

【音频编辑软件】

录音过程中，文件的前后会不可避免地录制出一些空白部分。如果这些空白部分过多，那么整个视频文件的节奏就会显得很不紧凑。

我们推荐使用Cool Edit Pro一类的多轨音频编辑软件，可以编辑单个录音文件，剪去多余的空白时间，也具备一定的降低噪音功能，还可以在同一个音频文件里压进多个音源的声音。

通过手机、录音笔录制形成音频文件后，导入电脑，将文件拖进这款软件即可进行编辑。当然，这款软件也支持在电脑上直接录制。我们建议使用电脑录制时，尽可能采用外接麦克风，避免声音过空、过小或者失真。

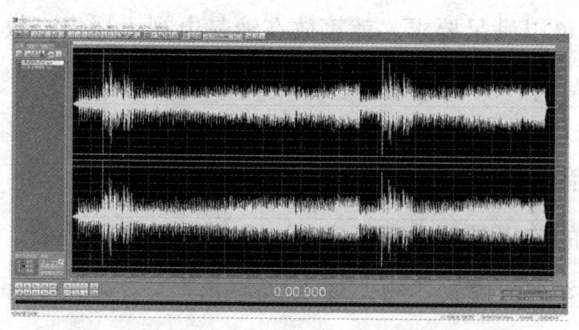

图 5-1　Cool Edit Pro 软件单个文件编辑界面

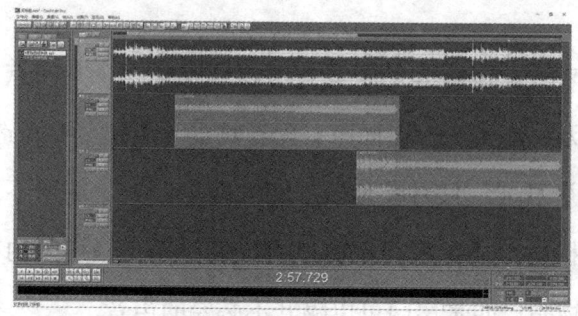

图 5-2　Cool Edit Pro 软件多轨道编辑界面

（二）音频微课程的直播

音频微课程的直播目前最常见的是在微信群、专业学习平台和音频分享平台开展。不管在哪个平台进行直播，其基本的准备流程都与录播一致。只是，录播的时候，你可以无数次重来，而直播的时候你就很难有重来的机会。

对于直播，在脚本设计时，我们需要充分考虑到直播对象的信息接收习惯，以及出现错误后补救的应急措施。这样，才能让我们在直播时更稳定，把注意力放在与学员的互动上，而不是担心出错。

第三节　音频微课程的制作技巧

音频微课程主要依靠声音作为信息传播的载体。声音看不见、摸不着、难留住，所以在制作音频微课程的时候，我们需要使用一些技巧，帮助学员进一步掌握课程内容。

一、做好适听语言的转换

（一）句子要短不宜过长

早在 1946 年，中央人民广播电台的前身延安新华广播电台就曾对广播稿件提出了明确要求，要求稿件句子要短，尽量用简单句，要把复杂的长句改成两句或者两句以上的简单句。

句子太长，容易让人听到后面的时候，忘记了前面的定语，再想回忆的时候却扰乱了后面内容的接收。所以我们尽可能地在写脚本信息和录制课程时用短句和简单句，减少学员对于信息的追寻捕捉成本。

（二）用口语词不说"口水话"

在一些老师的课程里，我们经常会听到"呃""呐""呀""这个""那么"等"多余文字"，语言的表达也非常啰唆，我们统称这样的现象为"口水话"。如果老师在无文字凭借的情况下，无法做到不说"口水话",那我们建议写脚本的时候,尽可能详细地写出每句话的内容。

但是在写详细脚本时,要避免全篇都是书面用语的情况。否则学员在听讲时,会觉得老师的表达特别生硬,容易给人"念书"的感觉,而不是讲课的感觉。

书面语变口语:即将—就要;闻讯—听说;途经—路过。
单字词变多字词:现—现在;已—已经;因—因为。

(三)避免误听　尽量不用同音词

"zhì bìng"这个词是"致病"还是"治病"?

"qiè jì"是"切记"还是"切忌"?

"qī zhōng"是"期中"还是"期终"?

当老师发出这些声音时,恐怕学员会傻傻分不清到底是在讲什么。虽然声音一致,但是在看不见文字、看不到老师肢体动作也没有环境参照的情况下,学员很容易判断失误。就算学员花时间猜对了,也会影响学员对于老师后续信息的接收。

(四)适听化标点避免歧义

在写脚本时,我们可能会受到文字表达习惯的影响,按照行文规范给文字添加标点符号。授课时,我们不可避免地会引用一些别人已然出版的文本信息。如果按照文件的原文来念,就容易出现让人不太容易听明白甚至听不懂的情况。

表 5-5　标点符号适听化对照表

标点符号	原句	修改句
破折号	手机银行——24 小时不打烊的银行	手机银行就是 24 小时不打烊的银行
括号	《四库全书》于乾隆三十七年（1772）开始修纂	《四库全书》在清乾隆三十七年，也就是公元 1772 年开始修纂
顿号	党员、干部	党员和干部
引号	撕掉了他们的"文明"的面具	撕掉了他们所谓"文明"的面具

二、必要时提供视觉辅助

　　幻灯片设计界有句话，叫作"文不如表，表不如图"，这是说明视觉可以在第一时间迅速捕捉到大量信息，而这些信息很可能因为转述者的表达倾向、表达能力的影响无法准确传递。

　　所以，在音频微课程授课中，如果我们的平台支持发送图片或视频，我们不妨充分地利用这些功能。在音频微课程中，适当加入图片或视频素材，既丰富了课程的授课形式，也容易让学生理解课程内容。

三、要适时提供课后材料

　　声音稍纵即逝，音频课程在结束后，如果不是学生有心专门录音，那么课程内容就无法再次原版回顾。因此，在课程结束后，老师可以根据课程内容的需要，结合学员或客户的需求，适当地提供课程录音、图片素材、视频素材、文字版课程内容等材料。

第六章

视频类微课程如何制作

第六章 视频类微课程如何制作

提起视频类微课程，可能一些人会认为离自己太远，工科男、工科女才会启用程序做视频。也有些人会说，视频类节目的制作技术简直是遥不可及，非电视台的专业人士干不了。还有些人担心自己拍出来的视频类微课程不符合培训规律，学员可能不太能够接受。

这些老师的误解，可能来自于他们对于视频制作流程、硬件、软件的不了解、不熟悉。因为自己平日里没有机会接触这类工作，或者没有亲自动手做过，或者在制作过程中遇到困难无人请教，让自己萌生退意。

其实，视频类的微课程开发与制作并不像这些伙伴想象的那般艰难。现在，不少企业的内训师，甚至只是业务能手都在通过视频类微课程传播着知识和技能。有些是通过第三方平台进行直播，成了培训界的"网红"；也有些老师用幽默的语言让自己的录像作品成为点击率极高的热点；还有些老师比较"简单粗暴"，直接使用幻灯片加音频的方式开展着教学。

2019 年，仅《微课程开发与制作》这一课程，罗晓老师给中国建设银行各级分行开展培训的授课时长就超过了 200 课时。前来参加培训的学员并不是广播电视相关专业毕业，也没有电视台的工作经历，有些甚至都没有走上过讲台。他们大多只是企业内部老师，分行或网点的负责人，或者仅是业务精英。而他们产出的作品却也都符合视频类微课程的要求，有些作品还非常优秀，获得了本单位多个级别、不同奖项的大奖。

视频类微课程可以解决学员无法"眼见为实"的困扰，还可以节省企业的培训成本，更可以让学员合理调配学习时间不影响正常的生产和工作。

第一节 视频类微课程的优势

一、具体可感更直观

由于培训场地、教学设备等条件的限制，一些课程可能无法让学员亲临现场，或者无法通过肉眼让学员直接观察。由于教学物质的珍贵，一些课程也只能凭借老师的口述让学员了解。于是，线下培训常常只能停留在教科书的层面上，很难更加直观地展示事物的全貌。

视频类的微课程则可以通过视频、音频的方式，全方位、多角度地展示教学内容，相对于单纯授课式的课程而言，在视觉和听觉上更胜一筹。

【案例6-1】某糖业集团微课程项目带来的启示

2017年，我国实行了营业税改增值税的政策，减少重复征税，降低了企业税负。但是对于企业而言，新政策的执行让许多已经习惯于原有报销制度的员工有些摸不着头脑。

这些人当中，有些人是不常出差也不常采购办公用品或生产资料，也有些人只是偶尔因公消费，还有些人一两年甚至三五年也很难产生报销费用。他们可能不清楚增值税专用发票和增值税普通发票有什么区别，也不知道如何识别符合报销要求的发票、如何按照单位要求填报差旅费用。

如果组织线下培训，企业又很难在短时间内集中所有员工对这个内容展开专项培训。因为这不是全体员工最紧急和最重要的工作，也不是企业最根本的生产经营任务。此外，就算是全体员工都经过培训，也不是每个人马上就会用到。若干个月，甚至若干年后，当员工真正有需求时，才会意识到这些内容有多重要，才会有目的地去学习。而此时，原来培训的资料或许早已"灰飞烟灭"不复存在。

所以，不少企业的财务工作人员需要花费大量的时间和精力，针对那些不常报销的员工一一讲解。不仅浪费了财务管理部门工作人员的精力，也让前往报销的员工情绪受到影响。

根据这一特点，某糖业集团在罗晓老师的指导下，专门开发了两门微课程《如何识别合格的增值税专用发票》《三招解决差旅报销的烦恼》，用情景剧结合老师讲授的形式，将步骤、流程和要点做成微课程。课程全部由某糖业集团的员工开发、设计、主讲、拍摄、制作，得到了员工的认可，获得了领导的赞许，也减轻了财务部门员工的工作量。

【案例点评】

新的财税政策出台后,许多员工在因公消费前或许还没见过增值税专用发票和增值税普通发票的样子,更谈不上如何区分其用途,也无法判断如何填写发票才算合格。因此,他们在报销过程中常常提交不合格的发票,一度让财务部门的工作人员和前来报销的员工苦恼不已。

这两门微课程以具体情境作为依托,在视频中提供了增值税专用发票和增值税普通发票的票样,着重讲解了二者的区别,在什么情况下员工需要向商家索要什么类型的发票,在填报差旅报销单时应当注意哪些问题。

这些不到具体发生时不会被员工重点关注的内容,往往更合适开发成视频类微课程。视频类微课程既可以短、频、快地传播信息,又可以作为重要档案留存于企业OA或内部网站,可以让员工通过"有图有真相"的视频直观地获取信息、解决问题。

二、主流趋势更便携

造纸术和印刷术的出现,使得知识传播更广泛、留存更长久;广播、电视让知识变得更具象;互联网和手机让知识变得无处不在,触手可及。一次次媒介的变革都在深刻影响着教育培训形式的演变过程。

据第44次《中国互联网络发展状况统计报告》,2019年上半年中国短视频应用迅速崛起,使用率高达88.8%。因此,利用新的媒介技术开展培训变得势在必行,无论是办公室还是车间,无论是电脑前还是回家的路上,新的培训媒介正在发挥着前所未有的影响作用,正在与其他培训方式共同构成新的主流培训方式。

【案例6-1】所介绍的两门微课程《如何识别合格的增值税专用发票》《三招解决差旅报销的烦恼》,在解决员工问题时就更符合新时期培训趋势的要求,不论员工是在消费前,还是在开票中,或是报销时,都可以依照微课程中所列要求,提供合格的报销材料和办理相关手续。

三、制作简便更亲民

媒介的诞生和发展,对人类社会的发展产生过重大影响。当新的媒介技术被广泛使用时,培训方式也随之发生重大变化。能够驾驭视频类微课程摄制设备和软件的员工,已经悄然出现在大部分企业里。

在不少企业里,能够使用摄像机拍摄视频资料的员工已经不再是凤毛麟角,一些员工玩起了微电影,当上了导演和摄像。这些微电影并不是用非常昂贵的广播级设备拍摄,而是使用了在生活中常见的家用DV(数码摄像机),甚至干脆就是拿起手机拍摄。除了手机、相机和摄像机拍摄外,一些作者还使用了MG动画(动态图形)的模式,让呈现方式更为多元。

当然,用幻灯片加音频制作成的微课程也是视频类微课程的重要组成部分。这一类微课程因为上手很快、制作简单、可以快速传播,是现阶段一些内训师制作微课程的首选形式。

除了少数企业会专门邀请电视台或文化传播公司等专业机构为自己拍摄视频类微课程外,大部分企业正积极地调动起员工的热情，让他们在这"人人为师"的年代绽放出属于自己的光彩。于是，课程大纲、视频脚本、幻灯片、课程讲授、拍摄、灯光、舞美、化妆、录音、视频配音、后期制作、宣传推广……这一系列工作都由员工自己完成，既成就了拥有导演、演员、配音梦想的员工，也成就了企业多层次、多渠道的培训体系。

第二节 视频微课程的摄制要求

视频微课的制作方式非常多样，幻灯片加录音、电脑录屏操作、授课现场实拍、MG动画……各种不同的类型可供选择。但是，面对如此丰富的选项时，一些企业却开始犯难，如何找到合适现状的创作摄制方式呢？我们把常见的摄制方式按难易程度分成了三个不同梯队，如果你是初学者，还拿不准该用哪种方式制作微课的时候，不妨借鉴。

【第一梯队作品类型】

1. 录频操作

难度指数：★

制作成本：★★

操作方法：直接使用录频软件，边操作电脑边录制操作过程和讲解内容。

软件要求：操作系统自带录频软件即可完成。

适用内容：基于软件应用的知识类课程。

2. 幻灯片 + 讲解音频

难度指数：★★

制作成本：★★

操作方法：制作好幻灯片后，将音频文件按要求插入幻灯片，用直接导出或录屏的方式生成视频文件。

软件要求：幻灯片制作软件、音频编辑软件、手机录音软件或电脑操作系统自带录音软件。

适用内容：需要凭借画面辅助说明问题，但不需要老师现场示范的知识类课程。

【第二梯队作品类型】

1. 主讲老师授课视频 + 第一梯队作品

难度指数：★★★

制作成本：★★★★★

操作方法：用摄像机、相机或手机等工具拍摄主讲老师现场授课视频后，将第一层次产出的作品按要求编辑，然后生成视频文件。

软件要求：视频编辑软件、音频编辑软件、幻灯片制作软件、手机录音软件或电脑操作系统自带录音软件。

适用内容：对于情境感、对象感要求较高的知识类、技能类课程。

2. 主讲老师授课视频 + 情景剧 + 第一梯队作品

难度指数：★★★★

制作成本：★★★★★

操作方法：用摄像机、相机或手机等工具拍摄主讲老师授课视频和情景剧视频后，将第一梯队作品按要求编辑，然后生成视频文件。

软件要求：视频编辑软件、音频编辑软件、幻灯片制作软件、手机录音软件或电脑操作系统自带录音软件。

适用内容：对于情境感、对象感要求较高的知识类、技能类课程。

【第三梯队作品类型】

1. 动画微课程

难度指数：★★★★★

制作成本：★★★★

操作方法：使用动画软件制作画面，用手机或其他收音工具采集音源，然后根据画面需要，将画面和声音混编后生成视频文件。

软件要求：动画制作软件、音频编辑软件、视频编辑软件。

适用内容：对于情境感、对象感要求较高的知识类、技能类课程。

2. 动画＋第二梯队作品

难度指数：★★★★★

制作成本：★★★★★

操作方法：使用动画软件制作画面，用手机或其他收音工具采集音源，然后根据画面需要，将画面和声音混编后，与第一梯队或第二梯队作品混编，然后生成视频文件。

软件要求：动画制作软件、音频编辑软件、视频编辑软件。

适用内容：对于情境感、对象感要求较高的知识类、技能类课程。

在如此丰富的制作方法中，第一梯队的作品制作难度最低，能够熟练使用电脑的老师上手都不难。第二梯队和第三梯队的作品制作难度不小，且技术提升空间很大，往往容易让人望而却步，但经过学习和训练后，做出一个看上去不错的作品也不是什么难事。

在企业培训的实际应用中，第一梯队和第二梯队的作品最为常见，第三梯队的制作也是基于这两个梯队作品的操作。在本书中，我们主要针对第一和第二梯队的制作展开介绍。

一、广播级视频类微课程的摄制条件

宋璐是罗晓老师的好朋友，他是广西电视台的著名主持人，由他主持的《超级点子王》节目在融媒体传播中就采用了微课程的形式向公众传播知识和技能。这个节目曾经获得过全国一等创优节目等奖项，拥有非常高的知名度。

《一个动作轻松剥大蒜》这一期节目就是在5分钟内教会公众一个生活的妙招，提高了备菜的速度。这一节目不仅有内容的导入引发观众的共鸣、吸引观众的注意，也有对技巧步骤的逐步拆分，还有对动作要领的重复示范，更有最后的总结归纳。这其实就是一个完整的微课程结构。

广播级视频微课程常见于电视台的广播节目，这是三个级别中要求最高的一个。电视台有着一大批受过系统训练的专业人员，他们在内容创意、结构安排、视频制作、宣传推广、内容讲授等方面拥有一整套科学的方法，同时也有着独一无二的传播渠道。

电视台拥有功能齐备的演播室，摄像机、话筒、提词器、灯光、摇臂、布景等都需要满足播出条件的要求。因此，要建立这一整套系统，通常需要花费数十万元甚至上百万元的费用。

二、企业级视频类微课程的摄制条件

广播级的摄像机，作为大中型企业的宣传标配工具，已经由宣传部、企划部、办公室、综合部、党办、工会等部门掌管多年，为企业留存了大量珍贵的历史镜头，为各级电视台提供了重要的新闻素材。也有一些企业正在使用着更为便携的专业级或消费级数码摄像机作为记录影像的工具，成就了一大批企业内部的"枪手"。

其实，不管是广播级的设备，还是专业级设备，甚至是消费级的设备，都可以拍摄出符合要求的视频类微课程。

现下，最常见的视频类微课程播放场景有三种：在办理业务的大厅通过液晶电视向客户播放；员工在自己的办公室通过电脑学习；公众通过平板电脑或手机在地铁、车站、机场等自己认为方便的地方利用碎片时间观看。

所以，最常见的视频类微课程载体是液晶电视、办公电脑、平板电脑、智能手机这几种，而广播级、专业级和消费级的摄像机都能满足需求。对于一些微课程，使用单反相机甚至手机也可以解决问题。

一家企业若想完成这样标准的微课程需要采购设备不到4万元，甚至可能更低，具体清单如表6-1所示。

表6-1 企业级微课程摄制硬件清单

品名	数量	用途
液晶电视机（>70英寸）	1台	显示课件，便于拍摄
新闻补光灯	4盏	从上下左右四个角度补光
领夹式麦克风	1个	用于主讲老师的收音
强指向性枪式电容话筒	1支	情景剧或主讲老师收音
话筒挑杆	1支	支撑强指向性枪式电容话筒
激光翻页笔	1支	翻动幻灯片
摄像机（专业级）	1台	拍摄主讲老师授课及情景剧
液压云台三脚架（带遥控手柄）	1个	支撑摄像机及实现推、拉、摇、移、定的镜头语言
电脑	1台	制作幻灯片、编辑视频、生成视频类微课程文件

  清单里的液晶电视机在视频会议、线下培训、企业形象展示等多个场合都可以应用，有些单位早已采购并投入使用。用于编辑的电脑也可以从现有的设备中调配，根据工作需要灵活安排。如除去液晶电视机和电脑这两项硬件设备，企业额外采购的设备估计约2万元，甚至更低价格的设备便可满足需求。

  当然，我们都知道一分钱一分货的道理。想要采集到更高质量微课程画面和音质，我们必须有更高配置，拥有更多功能的采编设备。想要搭建虚拟演播室的代价就更高了，需要添置蓝布或绿布，供抠像使用。但是，由于虚拟演播室的搭建成本相对较低，可应用的场景也会更多。

三、大众级视频类微课程的摄制条件

对于学校老师、职业老师、企业内部老师或者微课程制作爱好者而言，如果能够按照企业级的标准采购硬件，当然可以拍出广播级或者专业级的音画效果。但囿于经费投入有限，设备的使用频率不同，大众级的微课程其实可以有更为简化的拍摄条件。

根据实际需求，我们建议降低一些硬件的要求，以较高性价比的制作方式制作大众级视频类微课程。

（一）背景显示设备

企业级推荐使用的液晶显示器因为较为昂贵，一些老师家里不可能说买就买，这一部分可以用高清写真喷绘画面替代。当运用到图片、视频、音频和文字说明时，可通过后期制作添加。

（二）音视频拍摄设备

企业级推荐使用的专业级摄像机较消费级而言，在画面质感、镜头景深、收音音质、拍摄功能等方面固然有着质的区别，但不少功能相对大众级的视频类微课程来说不太用得着，或者说要求并没有那么高。

所以，我们建议拍摄大众级视频类微课程时，可以使用已有的消费级摄像机，或者直接用中档以上的智能手机完成音视频信号采集。

(三)拍摄支撑设备

因为大众级微课程的拍摄弱化了推、拉、摇、移的运动镜头语言表现手法,我们建议支撑拍摄设备的三脚架也可以采用简易版本,只起到固定拍摄设备即可。

在此我们提供了室内拍摄和室外拍摄两套方案供参考。

【方案6-1】

表6-2 大众级微课程摄制硬件清单(室内)

品 名	数量	用 途
高清写真喷绘	1幅	用于背景,展示课程主题
新闻补光灯	3盏	左侧、右侧、正面对主讲老师补光
领夹式麦克风	1个	用于主讲老师的收音
手机/单反相机/摄像机(消费级)	1台	拍摄主讲老师授课
三脚架	1个	支撑摄像机或手机拍摄
电脑	1台	开发课程、制作幻灯片、编辑视频、生成视频类微课程文件

以上方案用于没有情景剧时的摄制,硬件投入可控制在1万元以内。清单里的手机及电脑是常用的物品,只要是中档配置即可达到采编要求。如果去除拍摄设备和电脑的开支,总体开支将可以控制在3000元以内,甚至更低。

【方案 6-2】

表 6-3　大众级微课程摄制硬件清单（室外）

品名	数量	用途
新闻补光灯	2 盏	左侧、右侧对主讲老师补光
领夹式麦克风	1 个	用于主讲老师的收音
手机/单反相机/摄像机（消费级）	1 台	拍摄主讲老师授课
三脚架	1 个	支撑摄像机或手机拍摄
电脑	1 台	开发课程、制作幻灯片、编辑视频、生成视频类微课程文件

因为是在户外，可以选择在自然光相对较为充足的时候拍摄，相对于【方案 6-1】，本方案减少了 1 盏新闻补光灯，也减少了高清写真喷绘的背景。如果去除拍摄设备和电脑的开支，总体开支将可以控制在 2000 元以内。

第三节　视频微课程的人员要求

视频节目自诞生以来，一直受到社会各界的关注，不少经典的动画形象通过电视或电影来到人们身边。相信不少"80 后"的童年印象中都少不了葫芦兄弟、哆啦A梦、舒克和贝塔，而海尔兄弟、海绵宝宝、大头儿子和小头爸爸等形象是"90 后"的记忆,"00后"的儿时动漫印象则不会缺少大耳朵图图、猪猪侠、喜羊羊与灰太狼。

优秀的视频作品能够直观反映人们的生活,给人以美好期待,激励人们勇于面对困难和挑战,总是给观众带来精神享受。因此,不论是中央电视台1986年播出的电视剧《西游记》,还是2019年上映的动漫电影《哪吒之魔童降世》,人们对于视频类作品的喜爱程度一直没有发生改变。如今,有一种叫作"网剧"的视频节目正被越来越多的观众熟知,有相当一部分观众甚至为了看网剧愿意支付费用,成为网站的VIP会员。

但是,不论是正剧,还是喜剧,抑或悲剧,不管是国家队的大制作,还是草根的小团队,所有的视频类作品都少不了编剧、导演、演员、美工、剪辑等一些关键角色。

作为视频类节目的一种,视频类微课程跟其他影视节目一样,也需要这些必备人员。

一、课程开发人员

课程开发人员的主要工作是将课程需求变成授课前的各种文本信息,是整个课程最核心的人员,掌控着课程根本内容的走向,对各个环节所使用的方法、技巧、拍摄手法进行设计,对视频类微课程的质量总体负责。

在拍摄影视作品前,一般都是先有剧本才会开始拍摄。在剧本产生之前,编剧和导演都会先确定整部作品的主题立意、戏剧类型、观众对象、作品时长、演员阵容、推广渠道等内容。而这些内容往往决定着这部作品的命运,是一鸣惊人还是石沉大海,基本上就靠这些了。

相对于影视创作而言，课程开发人员相当于编剧，甚至导演的角色。按视频类微课程的形成时间推进，课程开发人员的工作内容也相应发生着变化。

在讲师正式授课前，课程开发人员需要着手展开课前调研，对需求方提出的问题现象进行分析，确定课程主题、明确授课目的、衡定课程目标、拟定开发内容、圈定学生对象、设定授课时长。

在视频拍摄过程中，课程开发人员还有着导演的作用，管控拍摄过程。拍摄的镜头是否符合要求，主讲老师是否按照脚本内容讲授，情景剧演员是否说错台词，这些都是他们需要关注的地方。

在后期编辑中，课程开发人员需要核定每一帧镜头的位置，控制视频的整体时长，对整个成品的质量总体负责。

一般来说，课程开发人员需要拥有以下工作能力。

（一）课程调研能力

视频类微课程也是一门课程，跟其他课程一样，其缘起必定来自于需求。课程的需求一般来自客户的问题、学员的希望和社会的需要，做好充分的课前调研，进行全面的信息分析，得出准确的调研结论，都是精准设定课程主题、目的、目标的前提。

（二）课程开发能力

课程调研仅仅是开发课程的基础工作，只有将课程主体开发出来，整个课程的文本信息才会初见雏形，授课老师才会清晰地了解整个课程的重点，学员学习起来才会目标明确、内容充实。

（三）课程设计能力

课程开发工作仅仅只是给了整个课程骨架，哪里需要添加肌肉，哪里需要增加脂肪，都是课程设计环节需要考虑的问题。如果仅有课程开发，缺乏了课程设计，整个课程可能就会变成单纯的讲授式课程，变得沉闷不已。

（四）较高审美能力

课程开发人员是整个课程的管控人员，其审美水平可谓是整个视频类微课程的天花板。有人说"什么人干出什么事"，意思是不同的人的性格不同，行为方式也不一样。所以，课程开发人员的审美倾向、审美趣味决定着整个微课程的整体质量。

（五）项目管理能力

整个视频类微课程的灵魂人物非课程开发人员莫属，他的工作贯穿微课程的调研、立题、立纲、立节、脚本、拍摄、制作、推广等所有环节，他需要协调各方面的人、财、物，规避和处理各种突发状况，因此，课程开发人员必须拥有一定的项目管理能力。

【推荐人选】

（1）专业开发人员

职业讲师、企业内部老师、学校老师这三类人群对于开发和设计课程拥有一定的经验，可以在原有经验基础上尝试开发课程。

（2）相关人员

企业管理者拥有专业的知识和技能，可以成为内容专家，以此身份加入开发。

微课程开发爱好者往往拥有一定的专业特长，可以用自身特长参与课程的开发或制作工作。

二、视频摄制人员

2003年，歌曲《你是我的眼》入围第十四届台湾金曲奖"最佳作词"奖，此后一众歌手在不同场合翻唱了这首歌曲。这首歌歌词写到"你是我的眼，带我领略四季的变换……带我穿越拥挤的人潮……带我阅读浩瀚的书海……让我看见这世界就在我眼前。"

对于视频类微课程而言，通过镜头将课程内容呈现给学生的人就是视频摄制人员。他们根据课程开发人员拟定的拍摄脚本，将一个个内容通过推、拉、摇、移、定的镜头语言，让课程通过视频素材的方式出现。

一般来说，视频摄制人员需要有较强的审美能力，要对视频类微课程有一定的认识，具备视频摄录设备的操作能力，可以独立使用软件编辑视频。

（一）较强的审美能力

视频摄制人员是整个视频画面的"取景框"，他对于画面的把控、镜头的使用都应当具有专业性，这些专业能力的基础其实就是对光影明暗、色彩、节奏等多项因素的综合审美能力。

(二)对视频类微课程有一定的认识

我们要制作的是微课程,不过是通过视频的方式呈现罢了。所以,摄制人员必须懂得培训的基本规律,掌握本次课程的培训目的和重点内容,才会有针对性地给足重要人物镜头,才会对重要物品给相应的特写处理。

(三)具备视频摄录设备的操作能力

许多企业都有大量的摄影爱好者,他们对于相机的拍摄非常在行,也懂得触类旁通地操作摄像机。懂得如何正确使用摄录设备,是拍摄视频类微课程的前提条件。

一些企业在拍摄视频时,因为摄制人员能力不匹配而造成视频画面或声音不合格的情况,造成的常见问题主要有以下4种:设备的白平衡没有设置正确,图像出现偏色;镜头语言使用不当或不成熟,造成画面语言单一;内置麦克风、领夹麦克风、枪式麦克风的接口设置不正确,出现画面无声音、声音过小、声音过空等问题;拍摄用光使用不当,造成被拍物品细节丢失或失真。

(四)独立使用软件编辑视频的能力

当下,非线性编辑软件不再仅供电视台或电台的工作人员使用,越来越多的人开始接触,除了工作中编辑一些必要的产品介绍、活动推荐内容,他们还经常给自己的家人制作短片。

视频类微课程的编辑不像影视商业片那样使用大量特效,可能是只需要使用剪切、转场、字幕、音频等基本功能,因此,只要符合拍摄视频条件的人,在学习、使用非线性编辑软件方面都不会有太大的问题。

【推荐人选】

（1）专业摄制人员

电视台采编人员和企业宣传干事因为长年从事拍摄、编辑工作，了解视频媒体的一般规律，懂得如何操作采编设备，可以直接上手开展工作。

（2）相关人员

随着数码产品走进人们的生活，越来越多的人都乐于拿起照相机或摄像机记录工作和生活，这些摄影爱好者、摄像爱好者经过长时间的拍摄练习，也拥有了一定的视频拍摄基础。

三、授课讲师

"吐槽"演员演技太烂，聊影视演员的八卦新闻，这是在生活中比较常见的现象。也有一些"粉丝"为了演员甘愿倾家荡产，甚至可以以命相抵，可见演员对于人们的影响有多大。

在视频类微课程中，一些学员习惯性地拿参与录制的主讲老师与影视剧里的演员和电视节目中的主持人相比较。而在摄制环节中，授课老师的作用也真是比较贴合主演和主持人的定位。从引起关注的作用上来说，他们同属一类角色。

但是，视频类微课程作为课程的根本属性，有别于影视剧。作为主讲老师，必须具备以下基本特质。

（一）课程内容的驾驭能力

作为一名老师，必须能够驾驭所讲授的内容。且不说老师必须是所讲内容的专家，但至少是行家，对错是非都得有正确的判断和独到的见解。只有这样，授课老师才不会沦为知识的讲解员、内容的传声筒。

所以，如果我们找来的主讲老师，仅仅只是长得漂亮、声音甜美就很难服众。这样的老师很可能不会在帮助学生了解课程内容的层面上起到太大的作用，反而会因为老师的外形而走神，结果弄巧成拙。

（二）基本的授课技能

茶壶里煮饺子的人和事我们见到的不少，特别是一些拥有高级职称却做不出漂亮活的老师不在少数，所以，仅是有学术地位，拥有大量论文，具备很高职位的老师未必会受到学生的喜欢。

如果学生不喜欢这位老师，很有可能会"恨屋及乌"，对课程内容也失去兴趣，甚至讨厌起来，所以，具备必要的授课技能也是视频类微课程老师的基本特质。

但是，视频类微课程不像线下课程那样，其互动性会受到一定的制约。就算是现场直播的视频类微课程，也可能因为老师与学生的空间不同，无法实现手把手式的教学与检验。所以，视频类微课程对于讲惯了线下课程的老师来说，是一种新的挑战。

（三）自然、大方、美观的外表

"如果去相亲，你第一眼要看的是什么？"这个问题我问过非常多的学员，有些人说是脸，有些说是财富，也有些人说是事业。但是，如果追问一句："如果这个人拥有令你满意的财富，有着如日中天的事业，但是有着让你可以持久冷淡的脸和性格，你还会选他吗？"很多人的选择都是"当然不要"！

是的，相亲挑对象如此，学员看微课程也是如此，再好的内容也需要有好的包装，所以，讲授微课程的老师虽说不一定需要美若天仙或貌似潘安，但至少让人看上去不生厌，这是底线，是不能再低的底线。

（四）优秀的语言表达

秦始皇统一六国文字，中华人民共和国成立后推行普通话都是为了让人们更好地沟通，从而达成一致的思想，形成统一的意见，进而顺利开展工作。可是，在相当长一段时间里，一些老师的普通话水平却并不尽如人意，给学生学习造成了困扰。

我们主张，视频类的微课程以普通话授课为主，兼顾方言地区学生的实际情况。如果使用普通话教学，建议授课老师的普通话水平达到二级乙等水平，也就是80分以上。这是国家语言文字工作委员会对于非语言表达类老师的统一要求，也是最低要求。

当然，在情景剧里适当地使用一些方言，可能会起到意想不到的效果，既可以还原真实生活，也可以给课程带来"笑果"。

（五）协调适度的副语言

在播音主持人的训练体系中，有一种叫作"副语言"的东西，他不仅影响着人们对于主播的喜好，还左右着观众对节目的评价，更可能影响一个国家的走向。

【案例6-2】女主播失败的副语言

刘丹丹是罗晓老师的同学，是电视台的新闻主播，一次她在同学聚会时谈起了自己多年前的"趣闻"。

她眼睛近视，为了保持个人形象，出镜播新闻都会佩戴隐形眼镜。有段时间她忙着准备台里的几个大型活动，连轴转的工作强度让她累得不行。为了减轻不适,她戴着有框眼镜开展工作,几次出镜眼镜都没有"隐形"。结果,一些观众好奇地发问,女主播到底是不是近视,她播的新闻到底靠谱不靠谱?

【案例点评】

作为视频节目的重要人物,主持人的任何一个小动作都可能会触发广泛而持久的影响,案例6-2中的女主播因为一副眼镜就闹下了不大不小的笑话。同样作为受到重点关注的授课老师,在镜头前需要处理好自己所讲内容与服饰、动作、面部表情、气息、停连等方面的关系,不能处处小心翼翼,也不可以不拘小节。

【推荐人选】

(1)专职授课老师

职业讲师、企业内部老师、学校老师这三类人群是最为理想的人选,他们长期从事这项工作,拥有较强的理论水平和实践经验,稍加调整便可快速适应拍摄需求。

(2)相关人员

企业管理人员拥有一定的演讲技能,具备讲好自己工作领域内容的先决条件,稍加培训后,可依据符合规范的拍摄脚本授课。

经常从事活动主持、参加演讲活动的业务骨干除了有公众表达的经验,还有一定的业务能力,他们也是比较合适的人选。

四、情景剧演员

针对具体工作情境设置的情景剧在微课程中可以起到画龙点

睛的作用，不仅可以在课程开头提示"痛点"、提出重点、制造悬疑，还可以在过程中展示操作流程、呈现学员难以亲自观察的细节，更可以在结束时呼应开课时的内容，将正确的操作全程展示，或解决开课时提出的问题。

根据课程需要来物色合适的演员，通过他们的表演将课程预设的情景真实还原。一般来说，在物色情景剧演员时需要关注以下三点。

（一）具有一定的表演基础

参演情景剧的人一定要想演、能演、懂演，除了要有表演欲望，还要具备一定的表演基础，但又不能过于夸张地炫技。表演需要情感的注入，但不能毫无保留地让情感泛滥成灾。

（二）理解课程目的

不论是线上的视频类微课程、音频类微课程，还是线下的现场教学，所有的课程环节都必须紧紧围绕着课程目的开展。因此，演员需要对课程内容有所了解，才能准确地把握表演内容的重点和尺度。

（三）可以合理协调拍摄时间

在大部分企业里，参与演出的人员一般都有自己的本职工作，如果在工作时间参与情景剧拍摄，必然会对自己的本职工作或者所在部门的工作造成影响，而如果他们在业余时间才参与拍摄，又会影响微课程的拍摄进度。

因此，我们寻找的演员要有时间，或者能够协调好时间。

【小结】

以上是视频类微课程摄制对这上述四类人员的基本要求，在一些对制作要求比较高的微课程团队里，这四类人可能会相对独立地工作，甚至专门细分出一部分工作交给更专业的人去完成。但是，对于一些相对比较简单的视频类微课程来说，出于对拍摄成本的考虑，这四大类的人员很有可能是同一拨人，甚至可能是同一个人。

我们在组成微课程摄制团队时，应当根据微课程项目的重要性、持续时间、专业化程度、紧急程度等因素合理地安排。

第四节　摄制视频微课程的流程

【案例6-3】小林该反思什么

2017年8月，一家跨国集团公司总部正打算搭建微课程培训体系，这项任务落在了人力资源部的小林身上。

小林是一个非常有表现欲的年轻人，他虽是七尺男儿，却非常具有文艺范儿。在单位里，新员工入职培训中的公司业务和员工素养部分的课程，基本上都由他包揽。他的工作能力有目共睹，被领导们认为是可以重点培养的好苗子。

他接到任务后，首先给自己列出了十几个微课程主题，包括公司Logo简介、公司发展简介、员工礼仪规范、员工着装规范等。这些都是他讲得最多的内容，按他的话来说，这些课程他闭着眼睛都能讲。

通过两个月的加班加点,他终于摸索出一个自己做起来很舒服的方法。按照这个方法,他把这十几门微课都拍成了视频,然后就立即草拟通知,希望全体员工都来观看。

可当他把通知提交给高层领导签字时,高层领导却建议暂停他所负责的微课程项目。高层领导觉得他的工作方向已经严重偏离,责成人力资源部门反思问题产生的原因,并考虑是否由其他人来接手视频微课程开发和推广的工作。

【案例点评】

小林是一位有热情、有能力,也有一定想法的人,他的现场培训经验非常丰富。自他入职以来,大部分的新员工入职培训课程都由他负责授课,学员的评价也很好。

这次他制作的视频类微课程之所以没有得到高层领导认可,主要原因有以下三条。

(1) 没有按规范的视频类微课程开发流程完成项目

小林非常有授课的天赋,他平日讲课时喜欢"看客下菜",有针对性地在现场临时变换授课方式及内容,所以,他在开发视频类微课程时,并没有写课程大纲、拍摄脚本,拿着原来用过的幻灯片课件就直接投拍了视频。又因为授课时长、内容、形式的不同,他没能在第一批作品中把握好视频类微课程的制作要点。

(2) 完成的课程不是目前企业最迫切需要的内容

小林这次花费了不少精力完成拍摄,但是他拍摄的视频课程只是自己能讲、讲得熟、讲得好的课程,忽略了企业最迫切的真实需求。不是他讲得不好，也不是他讲的内容没用，而是他讲的内容对于企业来说大部分是锦上添花的内容，而非领导所期待的"雪中送炭"。

（3）在开发过程中缺乏必要的审核机制

一般来说，视频类微课程开发项目所涉及的部门和人员非常多，所有的业务知识、操作技能都必须有内容专家的支持和相关部门领导的审核，所以，他所讲的内容失去了听取各方意见的机会。而如果越过这一环节，直接报送给高层审阅，那被高层领导否定的概率就非常大了。

因此，要想顺利完成一门视频类微课程，我们必须严格按照摄制流程工作，以避免类似小林遇到的问题出现在自己身上。以下我们推荐一套比较科学的摄制流程供参考。

一、摄制前期的准备

视频微课程，其实也包含着音频、图片、动画、文字等多种信息呈现方式，是一门用多媒体呈现的课程。这种类型的微课程，要求往往比线下的微课程和音频微课程更高，其前期准备工作主要有草拟课程大纲、选定课程套路和制作拍摄脚本、准备前期物料四部分。

草拟课程大纲、选定课程套路的环节要求基本与音频微课程一致。与音频微课程不同的是，视频微课程集合了众多信息呈现方式，不再是一个人"干说"就可以把课程讲完。

这一节，我们重点介绍如何制作拍摄脚本和准备前期物料。

（一）制作拍摄脚本

【案例6-4】《壮族三月三》短片

农历三月初三是壮族人民的传统节日，有以歌会友、以歌定情的风俗。广西电视台在2017年农历三月三期间播放了一部短片。这部短片的拍摄之初，摄制组先是用手绘的方式将所有镜头逐一分解，最终形成了24个镜头版本的脚本（如图6-1所示）。随后，演职人员按此脚本完成了整个短片的摄制工作（如图6-2所示）。

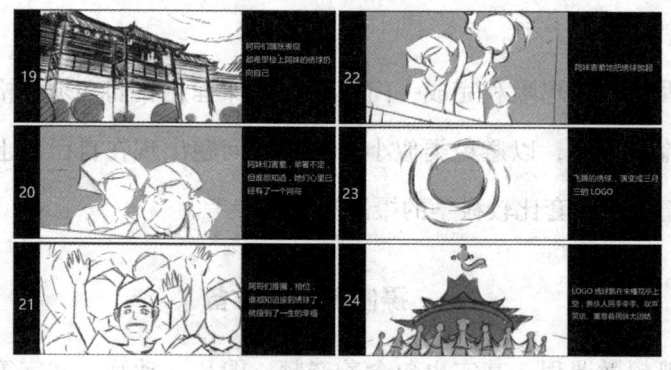

图6-1 《壮族三月三》短片拍摄脚本

图6-2 《壮族三月三》短片拍摄脚本与实拍镜头对比

（资料来源：广西电视台微信公众号）

【案例点评】

一部视频作品的诞生需要经历前期构思、立项评审、丰富完善、拍摄剪辑、成品验收的环节。因为环节众多，参与制作的人也不少，有些作品的创作时间跨度还很长，如果没有对作品提前预设好拍摄构图、时长等基本要素，在作品创作和验收时，就会出现众多偏差，给项目的完成带来麻烦。

在创作初期，我们完成了课程大纲后，就可以用手绘、相机实拍、幻灯片截图等方式将作品的脚本设计出来。拍摄脚本对于摄制视频类微课程有以下好处：便于主讲老师备课；便于后勤人员准备物料；便于摄制人员准备器材及现场布局；便于摄像人员按标准构图；便于现场核验人员核对老师的语言是否有误；便于现场核验人员核对拍摄镜头是否有误；便于剪辑人员照图剪辑；便于审核人员整体验收。

【视频拍摄脚本考评】

脚本的作用在于对拟拍摄的内容进行画面、声音构思，将要拍摄的内容初步可视化，并从中发现问题并优化课程结构，主要由相关部门、人力资源部门、摄制组、讲师组、专家五方面负责考评，具体考评要求如下。

相关部门：把握具体情境与课程内容的匹配程度，对内容专业性进行把关。

人力资源部门：把握项目进度，课程结构是否符合大纲设定，课程考核方式是否科学。

摄制组：从拍摄构图、灯光布局、收音效果、人员组织、物料准备等方面进行审核和预设，并依此安排人员、做好拍摄前的物料准备工作。

讲师组：从课程结构的完整性、科学性，以及课件制作的可用性、解说文字的口语转化角度进行评审，依据脚本做好拍摄前的备稿、服装、化妆等方面的准备工作。

专家：从大纲的总体上进行把关，从技术上给出指导意见。

【模板6-1】

表6-4 《××××》视频微课程拍摄脚本

编号	内容	画面构图	解说文字

填写说明：

"内容"一栏填写课程的重要环节，如开场白、失败案例、问题原因、操作方法、解决方案、结束语等。

"画面构图"一栏可添加手绘图、实拍照片、幻灯片截图等。

"解说文字"一栏中可填写逐字稿、同期声、旁白、口播稿四项内容。逐字稿：主讲老师授课镜头时口述的内容，要求尽可能口语化。同期声：情景剧时演员的对白。旁白：情景剧中演员对白以外，用于说明剧情的语言。口播稿：主讲老师不出镜，只现出幻灯片时的讲解内容。

【模板 6-2】

表 6-5 《××××》视频微课程拍摄脚本考评表

课题名称	
负责人	
主讲老师	
开发人	
相关部门 审核意见	
人力资源部 审核意见	
摄制组 审核意见	
讲师组 审核意见	
专家 评审意见	

（二）准备前期物料

如果微课程的拍摄脚本已经完成，那么我们就可以投入到实质性的操作阶段了。古语有云"兵马未动，粮草先行"，在正式投拍之前，我们需要先将必要的物料准备好。

必备物料。我们曾推荐了企业级和大众级两个级别三个版本的硬件配置方案。你可以以这些方案作为基准，适当地增删内容，形成你自己的必备物料清单，在每个微课程开拍之前进行清点，并检查相关物料的性能是否正常，是否符合拍摄要求。

辅助物料。对于一些微课程，有时候需要化妆品、造型干胶、镜子、显示器/白板等辅助物料，也请提前做好准备，避免万事俱备时"东风"迟迟不来。

二、开展录制工作

如果万事俱备，东风也来了，我们就可以开始布置现场、调试设备，准备正式录制了。在这一环节的重要工作主要有几下三项。

（一）布置灯光

光线的明暗直接影响学员对课程的感受，所以，我们要呈现的画面必须明亮，过于晦暗的画面不仅不美观，还会降低学员对课程的总体评价。

我们建议，拍摄人员可以根据光线条件不同、拍摄场地不同，选择使用2~4盏灯光完成拍摄。

1. 室外拍摄

【方案6-3】

🧍 本方案采用了2盏灯，分别从左、右两侧提供光源，适合户外拍摄使用。

在户外，特别是天气晴好的时候，我们建议老师站在阴凉又不昏暗的地方拍摄。但是，只要是身处阴凉之境，必定没有日光直射，脸上的光线可能就会不足。因而，左右两侧的灯光便可作为有利补充。

2. 有实物背景的室内演播室拍摄

【方案6-4】

这一方案采用了3盏灯，分别从左侧、右侧、正下方三个角度提供光源，适合在室内演播室使用。左右两侧的灯光，主要是为老师左右两侧脸部提供光源。老师正下方的光源是为了减少阴影而设。

如果老师背后使用的是液晶电视机或高清写真喷绘，那么要注意调整左右两侧的灯光角度及亮度，避免背景出现不必要的灯光折射。

3. 虚拟演播室拍摄

【方案6-5】

这一方案采用了4盏灯，分布在老师的上、下、左、右四个方向，这个方案非常合适虚拟演播室的应用。左右两侧的灯光放在老师身后两侧，使整块绿布或蓝布的颜色趋于一致。老师正上方的灯光可以让老师的头顶、肩膀有光泽，避免抠图后出现"纸片人"贴在虚拟演播室画面的情况。

（二）调试摄制设备

如果你选择的是老师出镜讲解的方式授课，那么你需要提前做好以下工作：选择合适的音频输入端子；核查话筒音量大小；调整摄像机角度与构图；检查光圈；校对白平衡；检查对焦；匹配液晶电视机与摄像机的扫描频率……

当完成了上述这一系列的细节调试后，老师就可以开讲啦！

（三）过程监控

老师站在镜头前，全神贯注地讲授课程内容。此时，老师的精神高度紧张，可能对一些口误和信息的错漏较难察觉，因此，在拍摄过程中，摄制组最好能安排1~2名工作人员来完成过程监控工作。他们的主要工作内容是对照脚本检查以下信息：幻灯片是否使用正确；老师使用的语言中是否有口误；看摄像机中画面构图、老师站位、声音质量、主讲老师状态是否合适；及时回看拍摄好的素材，确认合格，明确是否需要及时重拍或补拍；记录需要剪辑的文件序号、出现问题的时间点等重要信息。

三、后期剪辑制作

提起后期制作，很容易让人想起"五毛特效"——拥有西瓜汁即视感的血浆、貌似"切水果"游戏的断臂、纸片式的眼影狐狸等，这些成为一些电视节目的诟病。

粗劣的后期制作是一部影视作品的"死穴"，这种感觉就好像脸蛋漂亮、身材标准、颇具教养、精通文史、能持家务的黄花大闺女在出嫁当天的妆没化好就出了门，一脸土色毫无生气，直叫人唏嘘不已。

我们常见的视频类微课程有四种：幻灯片转制式；主讲老师出镜+幻灯片讲解式；情景剧展示+幻灯片讲解式；主讲老师出镜+情景剧展示+幻灯片讲解式。

这四种视频类微课程的制作难度与教学效果通常成正比，直接用幻灯片转成视频的微课程最易上手，但若跟有主讲老师出镜、用幻灯片讲解又有情景剧配合深化的微课程相比较，那"伤害"可不是一星半点的。

因为有情景剧的真实还原效果助力，课程开场容易吸引学员关注，授课过程可以让学员更容易了解抽象事物。对于培训，有些情景剧既有效果，也有"笑果"，可以让学员起到开眼、开悟、开心的作用。

在后期制作时，根据课程内容的厚薄度、任务的紧急度、对软件使用的熟练程度，常用的后期制作方法有用录屏软件直接录制、幻灯片软件直接输出成视频文件、演播室实拍后编辑再生成视频文件三种。

前两种视频类微课程最容易制作，是最容易产出作品的一种形式。基本的制作流程是先制作幻灯片后，将音频和视频文件嵌入，然后用幻灯片制作软件直接导出。

（一）用录屏软件直接录制

目前，有一些老师使用录屏软件制作微课程，短、频、快地解决一些培训需求，受到不少老师的喜欢。但是，对于电脑"小白"来说，恐怕录屏功能会显得比较陌生，也不知道在哪找到相关软件。其实，在WIN10的系统中，使用WIN＋G键即可唤醒录屏功能。

这款系统自带的录屏软件操作起来并不烦琐，在点击录制键后，即可将你操作电脑时的任何一个动作和声音同步录成视频。一般来说，录屏步骤主要有以下几步。

第一步：打开将要录制的幻灯片或其他构成微课程内容主体

的文件。

第二步：接入外置麦克风，笔记本电脑可使用内置麦克风，做好录音准备。

第三步：在键盘上按下+G键，出现图6-3。

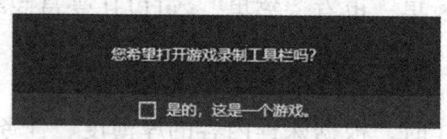

图6-3　WIN10系统录屏软件启动界面

第四步：在方框里打勾后，出现图6-4。

图6-4　WIN10系统录屏软件操作界面

第五步：在方框里打勾后，按下软件界面正中的红色圆点，开始录制。

第六步：点击图6-5录制过程界面正中的白色方块，完成录制。

图6-5　WIN10系统录屏软件录制界面

一般情况下，录制完成的视频会自动存在"此电脑—视频—捕捉"的文件夹里。你也可以从"C：\Users\当下用名名\Videos\Captures"的路径获取。

需要注意的是，使用录屏软件可能会把课程开始前和结束后的多余操作部分也录进去。因此，在录制过程中，我们应当尽可能避免这些多余时长，或者在录制完成后使用Edius或者暴风转码等软件将多余部分删除。

虽然使用录屏软件可以在很短时间里完成微课程的录制，可以节省时间和物料成本，但这类制作方式与我们即将介绍的其他两种方式相比，其最终产生作品的效果差距较大，有以下三大缺憾：一是如果老师的功力不足，整个课程就有可能显得不够严谨、细致，用网络语言来说是"略Low"，容易显得档次不够；二是画面和声音效果粗糙，内容间的衔接可能不够紧凑，难以满足学生更高的感观需求；三是如果过程出错后内容难以替换，这是由于视频的制作是一次成型，即使一些软件有暂停功能，也会因为功能相对单一，让画面和声音的衔接显得突兀。

一些学生认为录屏软件制作的微课程就像路边摊的快餐，能解决饥饿，但难以给人以美的享受。如果企业推荐给客户观看时，用录屏软件制作出来的微课程效果也不好，可能导致客户认为制作单位偷懒，从而降低了客户对公司的评价。因此，在众多大型的微课程比赛中，单纯使用这一方法制作出来的微课程往往很难获奖。

由于这个方法制作视频类微课程操作非常简单，只需要打开录频软件，按下录制功能就可以开录微课程，我们不对这个方法的操作过程进行过多介绍。

（二）用幻灯片软件直接输出成视频文件

幻灯片和音频文件的制作，我们在第四章和第五章中已经详述。在此我们主要介绍如何利用小工具把幻灯片直接导成视频文件格式。

【微课程编辑流程】

第一步：根据大纲、脚本要求制作幻灯片。

第二步：用摄像机或手机录制授课内容，每一页幻灯片内容录制一个声音文件。

第三步：将录音文件导入电脑。

第四步：用软件编辑录音文件（具体内容详见第五章）。

第五步：将编辑好的录音文件插入幻灯片（如图6-6所示）。设置"放映时隐藏"（如图6-7所示），注意声音与其他动画间的先后顺序（如图6-8所示），避免音画不同步。

图6-6 将编辑好的录音文件插入幻灯片

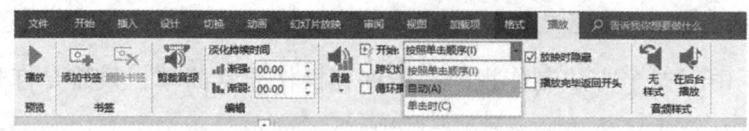

图6-7 设置"放映时隐藏"

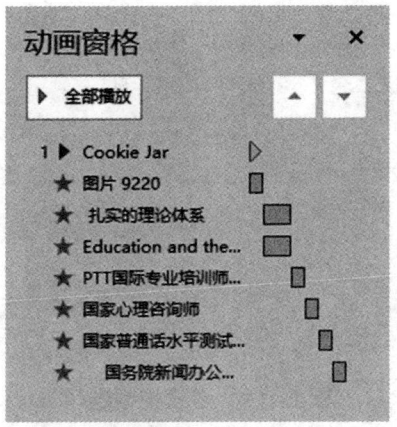

图 6-8　调整声音与动画先后顺序

MP3、WMA 等格式的音频文件都可以被大多数幻灯片设计制作软件支持。建议你将音频文件转成符合幻灯片设计制作软件要求的格式类型再插入，否则可能会使音频无法正常播放。

格式工厂、暴风影音等一类的软件可以帮助你解决音频和视频文件的格式转换问题。音频文件的相关参数和技术标准请参看本书附录《微课程制作项目相关标准》（企业级）。

第六步：插入编辑好的视频文件（图 6-9）。根据呈现需要做相应设置（图 6-10），注意视频与其他动画间的先后顺序，避免内容出场次序错误。

图 6-9　插入编辑好的视频文件

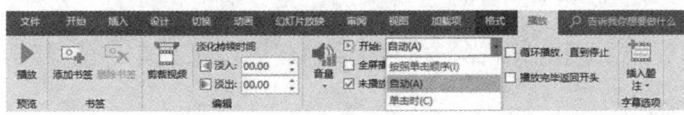

图 6-10　设置播放类型

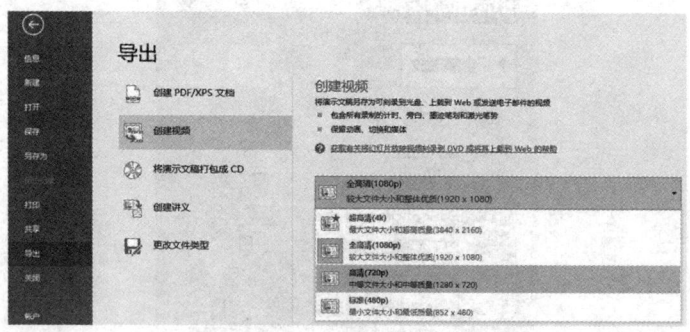

图 6-11 创建视频选项

需要注意的是，并非所有格式的视频文件都可以直接插入播出，建议先将文件转成WMV、MP4等格式，再插入。

第七步：在菜单栏"文件"下，导出选项中，找到创建视频功能，选择适合自己使用的文件大小即可。一般来说，480P的文件可供屏幕较小的手机使用，平板电脑使用720P较为合适，全高清以上的文件，可供现场播放或学生在网络条件较好的环境下观看。

（三）演播室实拍后编辑

对于一些要求不太高、使用次数不多的微课程，或许使用上述方法就可以解决问题。但是，如果涉及自己拍摄情景剧，又有老师出镜讲解课程，还要插入音频、图片、字幕等类型的微课程，上述直接用幻灯片导出的办法就显然不够用。

【录制环境】

无回声、无异响、无干扰，这"三无"环境是对录音环境的要求。录制视频时，有时还要增加一个"有"的条件，那就是有充足的光线。因此，视频文件的录制环境比音频文件的录制环境要求更高。

【视频编辑软件】

目前，在软件市场上出现的视频编辑软件非常多，比较常见的有会声会影、Edius、爱剪辑等。相当一部分的软件采用的是单轨编辑，简化了操作流程，易于上手，便于操作。但是，这些简化版本的软件很难实现多层音频、视频、图片、字幕文件的叠加，也很难实现以帧为单位的精准剪辑。

在此，我们推荐使用类似于会声会影（图6-12）一类的视频编辑软件，这类软件可以兼容绝大部分常见的音频、视频文件格式，也可以生成MP4、AVI、WMV等符合液晶电视、台式电脑、平板电脑、手机播放的文件，生成文件的清晰度最高可以达到4K的标准，已经达到或超过目前我国电视机顶盒能收看到的清晰度标准。

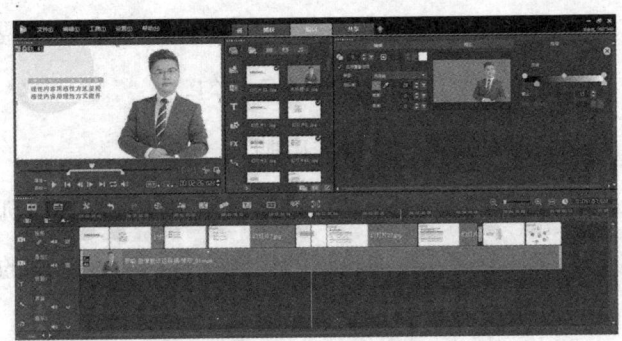

图6-12　会声会影软件多轨编辑界面

如果你的微课程时常很短，仅有1~2分钟，使用"剪映"一类APP在手机上编辑，也可以达到理想的效果。

【微课程编辑流程】

不同的视频制作软件的操作方法、流程均有区别，但总体来说，都会分为以下五个步骤。

第一步：按脚本要求制作视频、音频、幻灯片、图片等素材。

第二步：将相关素材导入电脑。

第三步：打开视频编辑软件，导入相关素材文件。

第四步：在多轨视频软件中编辑（如图 6-12 所示）。

第五步：输出成视频文件。

视频文件的相关参数和技术标准请参看本书附录《微课程制作项目相关标准》（企业级）。

如果没有条件采购大屏幕电视，我们也可以通过使用绿布或蓝布抠像的方式达成。具体抠像的操作如下。

第一步：搭建演播环境，将绿布或蓝布置于主讲人物背后。背景布须无折痕，无色差。

第二步：布光，采用【方案 6-5】的灯光布局。需要注意的是，左右两侧光源须让背景布的颜色均匀。

第三步：拍摄图像，并导入电脑。

第四步：打开会声会影，将目标视频文件置入叠加轨道。

第五步：双击置入叠加轨道的视频文件后，在右侧的"效果"栏菜单中，点选应用覆叠选项（如图 6-13 所示）。

图 6-13　会声会影软件绿布抠像功能操作界面

第六步：用效果栏菜单中相似度选项的取色器工具，点选缩略图中的绿布，对相似度的参数做相应调整即可。

四、课程审核发布

通过以上三个环节，我们可以成功完成一个视频类微课程的制作。但是，制作完成并不意味着可以马上投放。对于企业来说，培训是一个有组织、有目的、有步骤的工作，需要经过多层次、多角度的把关，才可以保证最终的培训效果。

视频类微课程的成品审核工作主要由课题相关部门、人力资源部门、摄制组、讲师组、专家、公司领导六方面共同完成，具体要求如下。

相关部门：对课程的内容进行把关，不出现与大纲目标和要求相悖的内容。

人力资源部门：对课程的艺术性、教学的科学性进行把关。

摄制组：对视频构图、收音、用光、主讲老师的状态、剪辑规范、视频结构等内容进行把关。

讲师组：对讲授技术、外表形象、肢体语言、语言表达等教学技巧进行把关。

专家：对整个课程的内容呈现方式、讲师授课技术、视频剪辑规范等进行总体把关。

公司领导：对整个视频课程总体把关，明确是否具备上线传播。

【模板6-3】

表6-6 《×××》微课程成品考评表

课题名称	
负责人	
主讲老师	
开发人	
摄制人	
相关部门审核意见	
人力资源部审核意见	
讲师组审核意见	
摄制组审核意见	
专家评审意见	
公司领导评审意见	

第五节 视频微课程的摄制技巧

对于不少企业和老师来说，制作视频类微课程是个新鲜事，需要学习和练习的地方不少。一些老师拿起摄像机就开始拍摄，结果，在拍摄过程和后期编辑时都出现麻烦事，轻者要补镜头或补录音，重者就要推倒重拍。

在培训和指导多家企业开展视频类微课程拍摄过程中，我们发现，注意好以下五点，便可在很大程度上保证课程质量。

一、重视课程大纲及拍摄脚本

当你身处大海中，如果不清楚自己去哪儿，那么自己只能随着海风和洋流四处漂流，自己的命运也就无法掌握了。对于视频类的微课程来说，严格按照开发流程摄制是课程质量的基本保证。

如果没有拍摄脚本，甚至连课程大纲都没有，老师按自己的想法直接制作了幻灯片后，就直接按照自己的想法去讲，那么很有可能在拍摄过程中思路混乱、说话磕巴、表达不连贯，也可能说错、说漏信息，甚至还可能出现走题的情况。在编辑环节中，当编辑人员插入幻灯片时，很有可能出现幻灯片与老师讲授内容出现偏差的现象。

大纲是整个微课程的根本，脚本是所有摄制人员的共同依据。因此，我们必须重视大纲和脚本的草拟，必须在明确大纲和脚本后才正式投入采编工作，这是避免重复工作、提高摄制效率的有效手段。

二、注意处理拍摄动作细节

作为初学者，一些老师在拍摄视频时，人还没站定，就开始讲起课来。也有一些老师按照自己平日里的讲课习惯，一讲完课就对着镜头深深鞠一躬，然后转身离开。当这些老师在编辑素材时才发现，他们拍摄的这些画面基本上是没法使用的，又得穿上服装，打开灯光，对着镜头再来一遍。

一般来说，出现这样反复工作的原因不外乎三点：摄制人员不了解视频节目摄制规律；授课老师按老习惯讲课，短时间内很难形成新习惯；缺乏现场监看机制，没能及时发现问题。

在拍摄视频类微课程时，我们只要注意让老师做好以下三项工作，就能解决以上问题。

（一）控制动作尺度及方向

老师出镜授课时，因为近大远小的透视规律，其肢体动作更适宜左右移动，且幅度不宜过大。如果前后移动，很可能因为拍摄镜头较近，让手掌或手背覆盖掉大半画面，造成不良观感。

如果要出现老师思考的镜头，老师的眼神更适宜往下看，而不要往左右或天花板方向移动。因为，往上望的眼神显得老师很不自信，往左右看的眼神则显得老师很不坚定。

（二）在开机后三秒才开始说话

不管是课程开头的开场白，还是紧接情景剧后的语言，老师在开口说话前，必须保持站定的姿势三秒钟，便于后期编辑时剪辑出符合要求的视频。

如果老师还没站定就开始讲话，会造成后期编辑时衔接突兀的问题。另外，拍摄人员如果用手触碰视频采集设备时，也不可避免地造成一定的晃动。如果晃动没有停止就开始正式录制，学员在观看视频时也会感觉到画面的不稳定。

（三）在结束内容后定格三秒后才抽身离开

主讲老师在授课告一段落，或者正式结束时，应当站在原地，保持面部表情三秒钟，三秒钟过后，才可以正式离开镜头。这样的行为，也是便于后期编辑，让我们制作的视频画面更符合人们接收信息的规律。

三、构图要充分考虑人物站位

在拍摄影视剧过程中，当拍到中景和近景时，一些摄像师会严格要求人物与参照物间的距离，使画面更加协调。

当我们的微课程采用了主讲老师出镜和情景剧展示这两种方式时，我们也应当力求让画面的构图符合美学要求。一般来说，我们只要心里有九宫格，坚持按照九宫格左右两条竖线作为参照线的方法构图，我们拍摄出来的画面肯定不会难看。

图 6-14 绿布抠像后效果

在图 6-14 中,主讲人双手虚握于腹部,肘部与头部形成三角形,显得稳定、协调、可靠。主讲人一侧的脸部边缘和衣袖袖口边缘处于右侧竖条分割线附近,课程内容的文字正处于横条分割线上,人物与文字的边缘将画面左右均分,整个画面显得规整、协调、美观。

四、画面大小要符合播放需要

前段时间,一位内训师将自己悉心拍摄的微课程通过公司的微信企业号发送给全体员工,两天时间点击量就超过了1000,公司领导认为他制作的微课程除了对内部员工非常有价值,对于来到营业厅办理业务的客户也应当很有帮助。所以,公司下文要求50多个营业厅的液晶电视轮番播放他的作品。

这位内训师看到这样的情景自然乐不可支,他觉得没有什么事情比自己被认可更能让他开心的了。可是,当工作人员向他索要视频文件时,他却傻眼了。他在拍摄视频素材时,仅使用了一台老款的智能手机。他使用的那台手机拍摄出的画面质量并不算高，如果在手机上观看还能满足要求，可是一旦放大，马赛克、锯齿等情况就非常明显了。

因此，我们建议各位摄制人员，在拍摄视频素材时，尽量采用较好的设备，采用较高配置的设置参数。在编辑完成后，可以通过格式转换工具转成符合传播媒体使用的画面尺寸。

五、要注重细节，做足前期准备

某位演员的伤疤一秒钟从左脸换到了右脸；某剧主角一家六口使用的四床褥子都是同款；某剧太抠，用枸杞替代血浆……在互联网上，有一个网站专门搜集和展示各类影视作品的穿帮镜头，从 20 世纪 80 年代的经典名剧到最近上映的网剧新品，没有哪个作品可以逃过他们的曝光。

视频摄制是一项系统的工作，如果我们拍摄过程中一不小心，也会出现穿帮镜头。所以，如果条件允许，在拍摄过程中至少有两个人与主讲老师在同一现场，分别负责画面和声音的审校工作。如果出现了问题，可以及时调整和解决，不必等到所有拍摄完成进入编辑工作后再返工。

第七章

如何加强微课程的效果

如何迈进教影响的效果

第一节　完成开发才是培训项目的开始

一些企业培训管理者在开展"微课程开发"时，认为微课程开发只需要把老师请来，教会大家开发课程即可。项目结束后，参与培训的学员确实也开发出了很多课程。所以，这项工作就可以大功告成，所有相关工作告一段落。还有些培训负责人认为课程有了，大家也会讲了，这个培训项目就差不多可以结束了。

"企业课程体系建设"是企业人才梯队建设项目中非常重要的基础，而"微课程开发"项目中的微课程开发出来后，并不能完全支撑企业的整个"企业课程体系建设"。对于企业人才梯队建设的"微课程体系建设"项目而言，完成微课程的开发才能启动整个企业学习型培训项目。

培训项目管理者在进行"微课程项目体系建设"时，千万不要把微课程开发当成项目的完结，在完成微课程开发后就没有后续行动。只有将正式学习和计划学习相结合，才能构建一个结构化学习型组织，才能有效地提供员工必要的知识和技能，才能确保员工习得的和工作实践相一致。

一、完成开发是启动培训的前提

培训的目的不是为了在培训现场过把瘾,也不是通过培训留几张照片做个纪念,更不是把课程开发出来就完事了,虽然长期以来很多不负责任的培训是这样做的,但始终不是培训的正途。

企业培训的正途在于学生学习后的思想改变、思维模式改变、能力改变、行为改变。

有的课程对学员的改变是终身的,有的课程对学员的改变仅限于瞬间的感悟与感慨,有些学员在感悟感慨后,与学习前的思想行为没有明显变化,却成了"吹牛高手"。

(一)培训项目管理的管理者

1. 培训项目负责人

不少微课程的课程开发项目往往没有设置后期成果管理。培训项目负责人可以直接对某个项目的部分学员或全部学员进行后期跟进管理,可以采用电话形式和表格形式,以保证培训部门对组织发展做出的贡献和价值所在。

2. 企业内部培训师

每个老师都有责任对学员学习后的实际收获进行长时间的跟进与服务,在这个过程中,既是为了对学员负责,也是为了重新审视课程是否存在瑕疵与缺陷,对以后的讲课提供修改方向。

3. 学员的直属管理干部

微课程学习结束后,老师或培训项目负责人可以与直属干部沟通协调，请他们关注学员的变化或者请他们监督学员按学习的方法去工作，这样在有监督的情况下，成果更加容易体现。

4. 课程项目专设后期管理人员

有些培训项目在课程开始之前就确定了跟踪的周期与跟踪的办法，并且指定了专业的跟踪人员。安排专职的跟踪人员天天盯着、管着，后期学员的进步与成果才可能有保障。

（二）培训跟进管理

1. 课程结束开始进入管理

学习结束后，所有学员要填写学习心得，写下"今天的学习如何用于以后的工作"，以小组或班级为单位，每人发表自己后期学习工作决心，并将每人写的后期工作计划上交培训管理人员。

同时，培训管理人员要通知大家下一步的跟进时间及跟进重点。

2. 第一时间内做学习在工作中的心得报告

这里是学习后的第一次跟进管理，要求大家根据课程特性所制定的第一时间进行后期跟进管理，主要有以下 4 个重点。

* 学习后，学员是如何用于工作、对待工作的？
* 哪些方面非常好用、非常实用？
* 哪些方面学员没有去用，为什么？
* 哪些方面学员觉得不合适，而且无法用，为什么？

这一阶段的辅导与跟进，了解以下重要信息：

* 学员通过学习在实际工作中已经产生的成果有哪些；
* 学员对哪些内容存在不理解或者错误理解，以便在后期跟

进中做出正确引导；

＊分析老师的内容中是否确实存在伪内容、伪方法，避免学员在操作中误入歧途；

＊对有些人认为好的方法，部分人没有正确掌握的进行提示和加强，以让所有学员共同用正确的方法做正确的事情。

3. 强制习惯执行管理

通过了第一阶段的跟进管理后，所有学员都相信企业是"动真格的了"，所有人也就会用学习来的正确方法进行操作了，因而，长时间、多次数的跟进管理便开始诞生。只有这样，培训课程的成果才能在强大、正规的培训项目管理下产生计划内的培训效果。

在很多企业看来，培训后的成果考核是件"工程浩大、成果渺小"的费工费力不讨好的事情。而实际上并非如此。

一个好的学习成果管理，既有费用低廉的工作特点，又有简单规范的持续管理形式，还有对工作影响和改变产生非常巨大的效价。

一旦关注到学习项目的商业结果时，就会意识到在课程结束时，真正的培训工作才开始。培训项目为组织创造价值的唯一方式就是将所学技能应用于工作实践中。

二、费尽心力之后不能束之高阁

（一）开发后为何无下文

很多企业为了搞一次微课程大赛，不惜代价、大张旗鼓地让全企业动起来做微课程。而大赛结束后，这些微课程就不知道到哪里去了。还有些企业为了搭建企业内部培训队伍正儿八经地做了微课程开发系列，开发完后因为各种各样的原因都没下文了。一些企业更是花了大价钱做了线上平台、开发了大量的课程，弄完之后发现水土不服，这些"好东西"就只好放到一边。

一场不合理的培训就是一次毫无意义，甚至"自断经脉"的劳民伤财。而劳民伤财的原因往往由以下问题造成。

培训滞后：工作中产生了很多问题，培训没有跟上来。无意义培训：培训活动对企业发展没有促进作用。只为培训形式：只是为了做一场培训而做培训。被需求单位牵着鼻子：没有整体的培训规划，哪个单位或者部门报了培训需求，于是就为他们配一场课程。培训经费考量：培训经费少了，该做的培训就砍了；培训经费多了，就想办法也弄几场培训来做。

（二）建立培训体系推动良性循环

企业培训完善由两个方面组成，其中没有任何一个方面是绝对安全的，但是两个方面组合在一起，就可以在很大程度上保证企业培训体系与培训管理的完善。

1. 先进、系统的培训管理标准体系

有了这个体系，对培训的每个环节就有了准确控制的标准，虽然这些标准在企业培训管理中不一定合情合理，但是企业必须先定下一个标准，如果发现标准不合理，再制定合理的标准。

一个企业培训项目管理，如果没有培训管理标准体系，那么每个培训项目都会出现成本增加、难度增加、工作量增加的问题，有了培训管理标准体系，就能形成很多资源共享、资源重复使用、一岗多能通用的现象。

2. 培训经验积累对培训管理标准体系的完善

任何没有久经考验的管理体系，在管理实践中都会漏洞百出。很多企业花大价钱请专家做了某项"标准化管理体系"之后，都会出现"水土不服"的问题。实际上，这些问题都是在推行一个标准过程中必然会遇到的问题。不过，有些问题被人为地放大了，于是标准体系就被否定了；而有些问题在执行中得不到解决，这套体系就被认为毫无用处。

实际上，如果事先没有制定标准，这个企业将永远处在没有任何参考数据的"山寨"管理级别，永远无法得出一套合理的标准。而在企业管理中，无论定什么样的标准，都能规范很多问题，降低很多成本。

当推行"培训标准体系管理"后，每个培训项目的经验积累就成了对部分"不合理"标准提供改进或微调的参考数据，培训体系也就变得有用了、完善了。

一般来说，企业培训体系的完善共有以下三个步骤。

第一步：根据经验和科学管理，先制定一套"认为可行"的"培训标准体系管理"的标准化管理步骤流程。

第二步：在"培训标准体系管理"下进行培训项目的实施，总结每个培训项目实施中的重要参数，为"眼下"不合理的"部分"标准进行合理化修改。

第三步：每经过一个标准化修改后，执行新的标准进行培训项目管理。

课程开发源于企业的培训计划，当课程开发的内容、讲课成果和企业需求计划三者相吻合时，课程就达到了预期效果。该效果的最终体现就在于企业是否建立了企业培训标准体系流程。

"培训标准体系管理"带动了企业培训的标准化流程；每个培训项目的重要数据，推动了"培训标准体系管理"的合理化改革与完善。

三、内化、优化方能可持续发展

无论是培训课程还是培训项目，对所学习或实施项目进行学习转化是企业培训在绩效改善方面的最佳体现。

从学习到绩效改善，不仅是课程开发者在课程开发时做相应的内容安排与艺术设计，也不仅是培训师在授课时按需求对学员进行学以致用的引导，更是培训管理者和公司管理者们对培训的期望。

影响学习转化的有以下六大因素。

第一，课程开发与设计者。课程开发时课程内容与学员需求之间的相关程度是否契合，学员对于课程设计的满意度，是否准备充足的辅助资料、检测表单和参考资料以便学习课程时得以借鉴等。

第二，指导者能力/专业度。指导学员进行后续跟进的人员要做到为人师表且受人尊重，要对学员进行敦促并且身体力行，帮助学员应付将来工作中可能遇到的阻碍等。

第三，学习者的动机。学员本身是否满足学习条件的要求，对于学到的知识和技能是否进行行实践和体验，学习者自身能够克服各方面因素持续改进，能够明白学以致用带来的好处等。

第四，企业工作环境。企业要建立良好的学习氛围以利于学员在工作中做到学以致用，制定与工作业绩相关的奖惩制度，企业政策、工作程序和设备状态等均和企业变革相符。

第五，管理者的支持。为学员提升和导师促进行为转化提供支持；与下属面谈所学并一起制订行动学习计划，刻意安排练习的机会并提供工作辅助支持；设立奖励机制，将新技能与绩效考核关联。

第六，培训管理系统。建立、健全培训标准管理系统，自始至终关注课程进展、强化学员学以致用，运用多元化信息自动化系统跟进，培训流程完备、透明、公正。

基于学习转化六大要素设计的学习转化体系，能够使管理者、企业培训师、学员在学习转化中基于具体项目提出相应支持策略，从而达到高效学习转化，真正做到内化和不断优化培训管理体系及课程体系。

完成课程开发的"企业无缝隙课程体系建设"是企业培训系统完善的基础。企业只有在"企业无缝隙课程体系建设"完善的基础上进行企业的年度、季度培训计划，才能真正契合实际和百分之百地与绩效相结合。

任何企业的培训在立项之初一定要考虑"企业无缝隙课程体系建设"，企业培训课程体系建设是否完善，直接反映了企业培训战略、企业培训系统和培训执行是否清晰、完善和有效。也就是说，课程开发是企业培训体系建设的基础，更是企业后期构建学习型组织的前提。

第二节　建立线上微课程培训考核机制

我们的微课程体系搭建完成后，根据企业和学习者的需求不断进行迭代和更新，把学习与移动互联相结合，建立微课程多维学习平台是微课培训发展的必然趋势。

一、组织学习必须要考虑效果增益

培训项目最基本的目标就是促进绩效的改进。只有将所学内容应用到工作中，其内容才能创造价值，才能直接或间接地促进业务收益。

培训考核是培训项目管理中非常重要的一个环节，培训考核得到的数据是培训项目总结最重要的总结参数。也就是说，没有培训考核，就绝对不可能有正确、准确的培训项目总结报告。如果一个企业做了一场培训，动用了较多的人力物力，连个项目总结都做不出来，企业后期的培训发展一定会出现很大问题。

（一）为什么要建立线上培训考核

1. 考核培训管理者的服务能力及水平

罗晓老师经常把"好课程不是好老师完成的"这句话挂在嘴边。他认为，一个好的培训项目必须是好的培训管理者费心力、下精力去策划、实施的。当然，说这句话的目的并不是否认好老师对于好课程、好培训的作用。但是要知道，再好的老师也是培训管理者请来的。

所以，建立线上培训考核机制，其实考核的不仅是学员的学习情况，也不仅是考核老师的授课能力，同时还是考核培训管理者的服务能力及水平。

2. 对线上微课程老师授课能力及效果进行评审

对微课程老师培训能力的考核与评审，往往由三种人员群体的综合性评审相加，最后得出对老师的准确评价。

具体而言，表现为评审与考核老师的两个阶段和三个群体。

（1）两个阶段

① 考核老师的实力，决定是否由其来进行授课。

② 考核老师的授课水平与质量。

（2）三个群体

① 培训监督（监察）员：每节课对老师的授课过程进行直观记录，不做个人观点评判。通常记录三点：第一，本节课讲了哪些内容；第二，汇总线上学员学习反馈和记录；第三，对内容质量和授课技巧的分析说明。

② 课程管理（审核）人员：每节课填写一张观察表，对每节课进行优点缺点记录，为综合性评审提供参数。便于对照监督（监察）员的评价，避免出现监督（监察）员对老师过于不公或者过于褒奖老师的情形。

③ 学员评分表：老师讲完课后，学员对老师的综合性打分，其实这个打分最不具备参考价值。

3. 对学员学习成果进行考试

一个企业在对老师进行课前评审时，可以要求老师根据授课内容进行书面考试和技能考试。其实，欧洲版权课程的标准里就必须包括"学习后考试"的评审，如果一个课程开发没有"理论考试""实践考试"，这个课程本身就是不完善的。

对学员的主要考试由二人三个方向组成。

二人：老师对学员的考试，培训督导对学员学习过程的评审表。

三个方向：理论考试、实践考试、过程表现评价。

4. 对线上微课程培训后期成果进行考核

一场培训会带给学员很多变化，其中一项是后期工作意愿与工作能力的变化。所以，在企业进行培训考核中，请不要缺少"后期变化考核"。而培训的真正价值则是体现在"学员学习后的实际变化"。

学员培训后期成果考核标准绝对不可以是一套版本组成。微课程不同，对学员影响的时间也会不同。这就像治病吃药一样，有的药在体内的时间只有几个小时，有的药发挥作用的时间可能是好几天甚至更长时间。于是，在对学员进行后期变化考核时，一定要结合每个微课程的特性，进行课程影响周期评审。

5. 为企业挑选老师提供帮助

无论是选拔内部培训师还是商业培训师，都难免有走眼的时候，而走眼的唯一原因则是过于相信书面信息，缺乏经验积累。而每一次对培训师的三套评审数据都能为以后选拔培训师积累书面以外的经验，从而能选拔出更优秀的培训师。

6. 对培训管理完善提供资讯等

我们前面讲过培训管理完善的基础是先进的培训体系系统和培训经验对培训管理体系的完善,而以上所有的考核数据都是为企业能够不断优化完善自身培训管理体系的首要信息来源。

(二)线上微课程培训考核办法

1. 内部培训师选拔考核评审

一个培训项目的产生,一定是有要达到的某项培训目的及成果,否则这个培训就不会产生,而最终成果保证往往由培训师来完成。于是,对培训师的选拔就成了决定培训成果的主要保证。

(1)内部培训师评审方向。培训师在所授微课程中的工作经历及能力;培训师开发出来的内容与教学目的是否匹配;培训师是否在以往的授课中有过对本级别学员成功的授课经验,并分析其是否能达到预期效果;经过对培训师的包装后,能否激发起员工对培训师的信任和喜欢。

(2)对商业培训师的评审。搜索核实培训师资料信息的准确性;培训师的知识背景、工作背景、主攻课程方向与企业需求是否吻合;与培训师面对面交流或者电话交流,通过用提问的方式对培训师的回答能力进行评估,分析培训师的实战能力;收集培训师的好评与差评,最好能对培训师曾经服务过的企业电话核实。

2. 培训师对学员学习效果考试

培训师讲完一个微课程后,最少用 2~5 分钟根据微课程学习的内容进行专题考试,对课程中的重要理念、重要知识结构等进行 5 个以上题目的考试。条件允许时,可采用在线小测试、在线问答等形式完成,这样既便于学员答题,也方便统计答题数据。

3. 对培训师进行教学能力考核

对培训师教学能力的考核部分在本书作者之一范歆蓉老师《标准化课程开发与企业梯队讲师培养》一书中有详细阐述，感兴趣的读者朋友可以参阅。

4. 对学员进行学习风气考核

学员的学习风气既是每个员工个人品德的参考数据，也是一个企业学习氛围的参考数据。同时，有较好的学习风气，才会有很好的学习成果。如果一个学员的内心里不喜欢学习，再好的老师也没有能力教好他。

当学员学习风气数据产生后，培训项目管理人员要分析出公司的整体学习风气情况，如果一个公司整体学习风气不好，这个企业的培训怕是无法再办下去了。所以，要办好培训，先提升全员学习风气，否则，再多的培训经费都等于打了水漂。

5. 对学员进行在线学习收获考核

任何一个完善的课程，一定有对学员学习内容实际收获的考核，我们建议在"理论考试"之外进行三个学习成果考核：第一，本次学习最大收获，每人填写本次学习最大知识收获和技能收获，最少填写一项，多填不限；第二，学习技能考试，在线微课程结束后，涉及工作技能的内容进行操作技术考试来评判学员的实际收获；第三，重要理念观点考试，学员填写本次的培训从哪些方面改变了自己的理念与认知。这套理念与认知也是老师在微课程开发中一定要完善的，并且在事先教学目的中向企业培训项目管理者呈现的。

6. 对学员进行后期学习成果考核

我们常说，培训的目的是为了让学员在学习后在思想上、行为上发生转变。由于课程体系、课程功能不同，课程对学员影响的时间长度也会不同。对学员进行后期学习成果考核，一定要结合本次微课程特色展开，否则该课程功效周期一过，就没有实际成果考核的意义了。

二、利用技术确保学习进程及效果

（一）有效激励方可持续

很多人对于学习有阶段性的热爱，因某件事而激发兴趣来学习，从而阶段性地为企业的发展做贡献。微课程开发的形式、呈现方法的不同，在企业内部也往往会非常容易形成一阵风的"开发"热。如果没有有效的激励机制，这种开发热就会成为短期行为。所以，建议企业应设定学习奖励办法，以长效激励员工持续学习。

1. 制定定期学习时间

对企业每位员工制定每月或每周必须学习的时间，对所学习微课程进行一句话评价或者打分，证明该员工学习过该在线课程，并根据心得文章折算相应学习时间。针对学习过的微课程内容召开小组专题研讨会，根据实际学习和掌握情况进行学习时间折算。

2. 设立专项奖励

在企业内部设立微分享文章和微课程开发专项奖励。对于发布的心得分享、专题文章进行学习时间折算。例如，每篇获奖作品折算2小时学习课程时间。

微课程开发者提前与培训部门进行沟通对接后，进行在线学习时间折算。例如，按 1∶3 的微课程学习时间比例进行折算。

3. 企业内部培训师折算

所有企业管理人员和兼职内部培训师都有为企业讲课的义务和责任，在线或直播分享微课程的时间可按每讲 1 小时按 4 小时学习时间折算。

4. 规定书籍读书心得

企业可以内部职级作为划分依据，规定相应职级人员必须阅读书籍目录，并要求该职级人员撰写读书心得，每篇读书心得不得少于多少字，阅读一本书加上读书心得折算 2 小时或相应学习时间。

企业还可以根据自身实际情况来制定企业学习奖励方法。例如，设立学习奖金、绩效积分值等，将个人的短期兴趣爱好转化成企业的整体学习文化和氛围。

（二）构建企业网络大学雏形

通过前面的有效激励机制，每位员工对本岗位每个专题微课程撰写 100～300 字心得文章，同一岗位人数越多时该岗位专题微课程下文章就越多。这些文章经过专业人员整理后，每个岗位课题的教学内容就有了更加全面、丰富的参考资料。

当每位员工的心得文章被输入到企业内部网络学习平台之后，基本上半年内每个课程都有近万字的文字内容，公司采编人员定期对新收集的心得进行汇编，网站可设定不合格的文章不予展示。

同时，每位员工都有一个网络账号和密码，读了谁的文章、学了谁的微课程、给谁写了心得点评等，网络后台都会有痕迹和时间记录。内部培训师开发的课件、幻灯片、微课程录像、微视频等都发布在该企业的内部网络学习平台后，一个企业的网络大学就初步得以形成了，这就是企业网络大学的雏形。

（三）企业技术改进三原则

1. 简约化原则

企业微课程线上应用一定要秉承简约化原则，由点线开始，慢慢形成全面覆盖。

（1）前期：借鉴学习＋自主开发

企业可根据自身实际情况，在微课程开发完善的基础上，借鉴前面我们提供给大家的一些方法，逐步推行"企业无缝隙课程体系建设"。也可以派送人员参加本书两位作者范歆蓉老师和罗晓老师团队的"企业商学院长"项目和"企业人才梯队建设"项目导师班，花几个人的费用完成企业整体微课程体系培训项目。

（2）全员参与形成自主学习组织

企业领导或培训管理部门都希望建立一个全员参与的自学习型组织，一个能够良性循环地自运行学习型组织才能推进企业不断完善和进取。想要做到这个标准，需要企业领导和培训管理部门设定一个促进全员参与的机制。具体方法详见在本章第三节内容。

（3）手机端完成时时碎片化学习

微课程是培训行业在移动互联时代的变革成果。企业可以直接将微课程链接到手机端，即刻完成随时随地学习和巩固。案例

1-1中，如果该银行及时将"无折无卡取款业务"形成微课程上传本行手机APP，银行工作人员只需拿出手机，对照着微课程的操作流程就可以帮助客户完成该业务，真正做到随用随学。

2. 系统化原则

（1）人岗匹配推动更大化市场效益与价值

企业员工与其岗位胜任力匹配值越高，该员工在其岗位上创造的绩效指标就高。企业人力资源效能产生的价值越大，该企业在市场中的经济效益值就越大。企业课程体系建设就是帮助企业员工快速胜任该岗位，达到人岗匹配的最佳培训系统建设。

（2）一次上线无限迭代带动业绩倍增

对于岗位专题微课程，只要该岗位存在，该岗位微课程就永久存在，只需要一次将优秀员工或标准流程微课程上线，今后只要在应用过程中不断优化、不断迭代更新，以优带面促使企业业绩得以快速倍增。

（3）人走才留、人退能留推动人才自运营

很多企业都面临这样的困境，企业培养了优秀人才，而一旦优秀人才离开业务接替人员就断层。微课程开发就是将这些优秀人才和管理人员的实战经验、专业技能、应用知识得以提炼凝结，形成企业人才接替的知识、技能传承，缩短新人适应期、降低人力成本，为良性人才自运营提供有力支撑。

3. 平台化原则

随着我国互联网、物联网时代的平台化发展，企业也成为员工个人价值体现的平台提供商。这种新型企业和员工雇佣机制的出现，让企业利益和新生代员工特性的相关性发生了巨大裂变。

平台化原则也是企业线上微课程体系构建进程中，确保学员学习效果落地必须考虑的原则。

企业微课程体系建设的线上学习平台恰恰是最便捷、快速达到企业人岗匹配、产品知识迭代、岗位技能优化和推动企业战略发展的基石。线上微课程培训考核机制是企业实际问题，还是要企业内部解决的具体绩效体现，也是微课程培训达到为企业绩效考核服务的基本保障。

三、使用工具可助力统计培训效果

很多企业在线学习平台中的评价系统，对学员学习效果的评估往往只有终极性评估，而缺少过程性评估。部分实现了过程性评估的学习平台则只采用考试答题的形式，没有从数据中提取相应培训评估为培训效果采用。

从另一方面来看，大部分的在线反馈系统都只涉及对学员学习结束的考核，而较少反馈对包括老师、课程资料等在内的教学资源的评估。要想取得更好的教学效果，需要在学员和老师、企业之间的交叉互动，既能对学员学习成果进行过程性评估，又能对教学资源进行终极性评估。

（一）在线学习平台反馈信息统计

1. 线上平台Excel功能

把培训部门想要获得的信息进行统计分析，然后通过Excel软件将数据以统计图的形式表现出来，更直观地展示该微课程的全貌及其分布特征，供企业战略发展决策参考。

将需要线上即时反馈的信息制作成Excel表格，让平台设计人员导入到程序中，形成相应图表，便于企业培训部门进行在线数据汇总和培训评估分析。

2. 在线学习互动设计

点击设计：人机互动，防止学员只播放不学习现象。

跳框选择：每个知识点设计选择题或者选择项进入下面内容。

确认闯关：设计游戏式过关方式，进行线上过关拿装备或积分。

在线PK：在线风云榜提示，实时学习成果提示。

办公OA提示：可融合企业现有OA系统，设计绩效数据评定。

3. 教学资源评价图表

微课程的教学资源好坏，直接决定了该学习平台的优劣。根据学员对已有教学资源的评价和对教学资源的要求，及时更新补充学习资料，从而达到更好的学习效果。

教学资源主要包括课件、视频教程、教学素材、考试资料等内容。学员在每次学习结束之后，可以给自己所学的学习资料进行打分，或者提意见。系统将学员提供的信息数据通过连接Excel生成图表。这样，老师就可以知道教学中的缺点和不足，及时更新教学资料。

4. 答疑评价图

通过答疑评价老师可以大致了解自己的答疑效果，也可以浏览到学员对老师答疑的建议和反馈意见，根据这些意见，老师可以对自己的教学方法及时进行改进。

5. 学员在线学习反馈信息统计

根据系统统计到的学员反馈信息的结果，培训部和老师及时掌握每个学员学习的大致情况，包括每个学员每个学习环节的情况，以及不同专题学习的详细情况。从而对学员进行个别辅导，对关键点掌握不准确的学员，再加大训练强度。

（二）学习平台反馈信息的关联分析

对学员的反馈信息进行关联分析，目的是要充分挖掘这些数据库中隐藏的关联信息，为老师教学和企业线上学习平台的管理提供有利的数据支持。

根据数据挖掘，通过对习题知识点之间存在的相关性和依赖性进行分析，从而找出数据中潜在的知识点之间的关联规则，对学习平台的微课程内容知识点和练习题目进行修订和改善。

1. 关联规则发现

通过对同岗位员工的学习成绩和其学习内容以及浏览时间进行分析，找出成绩好的员工在哪些页面上花费的时间比较多，从而分析出学习内容以及浏览时间对他们成绩的影响，判断出该内容对该岗位员工是否重要。如果重要，可以向其他同岗位推荐该页面。

2. 监测学员的学习行为

第一，学员在线学习时间如果少于该课程必须达到的学习时间，该学员总评成绩不合格的可能性就比较大。

第二，学员如果对老师答疑和课件评价低的话，学员总评成绩往往不太理想。

第三，在线测试是一种比较好的衡量学员知识掌握水平的方法和指标，所以要大力建设在线测验题库，充分发挥该模块在提高学员学习成绩方面起到的作用。

（三）掌上移动终端助力培训效果

手机短信/微信：短信、微信提醒微课程线上学习成果和学习提示。

使用APP：企业可以使用一些培训评估APP进行即时评估，得出相应数据，该方法可以节约企业培训开发程序费用。

移动工具平台：如借用微信公众平台，可以简化流量统计。对于客户群体较多的企业，发布业务推广微课程非常实用。将某些常见工具和企业线上平台直接互联，更方便进行微课程线上学习和培训效果评估。

线上微课程培训考核机制是"企业无缝隙课程体系"中的一个部分，也是企业在进行微课程体系建设中必不可少的一环，只有做到培训服务与绩效相结合，才能建立适合本企业的培训管理考核系统，推动企业自运行发展战略，才能夯实企业独特知识技能的传承文化，建造出具有企业特性的梯队人才队伍。

第三节　形成全员参与微课程的氛围

移动互联时代让原有的企业培训格局产生了巨大的变化，原有的培训组织管理者转型成培训组织管理+培训运营的新职能，让企业培训管理面临了新的课题。如何打造出企业人人参与的培训氛围，就必须应时代、顺发展、得人心。

多维度调动企业全员参与微课程方式，让内部讲师和学员在线上平台连接和互动，将低频的面授教学改变成为高频的直播学习，让企业所有员工在内部培训师和标杆员工的影响下，将单点个体行为成为多面聚合形式，扩大微课程在企业整体推动，从而打造互联网化的企业知识学习生态。

一、让每个员工都成为明星

用知识经济的全新场景来解决企业培训难题的最佳途径就是打造企业明星，这里的企业明星就是企业的知识/技能明星。

（一）谁可以成为企业明星

在企业中具备某领域专业能力的权威专家，借助企业线上平台将其专业领域的知识和经验进行共享，并随着话题度和影响力的产生，获得一定数量的拥护者。

企业的知识/技能明星可能是企业内部培训师，也可能是有自己独到经验的岗位专家，在企业内部的学习平台实现知识和经验的高效传递和沉淀，从而成为企业内部明星，甚至成为企业的代言人。

（二）企业明星是怎样练成的

企业培训的互联网化和产品化是一个必然趋势，企业进而提高的打造也是如此。与企业原有培训学习项目的设计和实施不同，企业知识/技能明星的打造更像是设计和运营一款互联网产品，需要在内容、平台和运营三个方面一同发力,让以员工个体为主导的学习产品雕琢绽放。

1. 专属 IP 与内容

打造企业知识/技能明星的专属 IP,这个 IP 是在企业 IP 内的个人 IP,是让优质的内容与讲师的个人魅力相得益彰,形成有话题度、传播度的学习内容;是让优质的学习内容和岗位技能更具"人格化",从而获得更多的企业内外部追随用户学习和更好的企业传播力。

2. 平台营销推广

将以往的培训组织和通知方式变成像互联网产品做营销一样,用海报、文案甚至话题炒作等预热形式,来激发更多学员加入到企业学习平台中参与课程的学习和互动,形成企业内部的推广之势。

3. 运营机制设定

好的互联网产品离不开出色的运营,而培训管理也必定从培训组织管理向培训组织运营管理发展。培训管理者必须要不断考虑如何吸引企业员工关注,如何让学员持续参与学习,如何激励更多人成为知识分享者等产品运营机制的设定。

(三)企业培训组织转型

企业培训成本和空间的限制使得非常多的企业内部讲师团队未能释放企业中个人知识和技能的巨大潜力,场景化的课程主题、在线直播课程设计、高频次的授课互动,都是企业内部培训转型成为企业知识技能"星工厂"所要面对的新挑战。

一个全新的培训场景，无论是对内部培训师还是企业培训组织者而言，都需要适应时代发展下全新的角色。培训组织管理者能否适应移动互联下学习产品的"产品运营商"这一全新角色，打造和运营好企业内部知识共享平台，同样需要企业培训组织者不断地学习和探索。

让每个员工都成为明星的核心就是挖掘出每个员工在企业的独特价值所在，就是为每个员工提供在企业平台上实现自我价值所在。

二、宣传造势扩大微课程的影响

企业在推行微课程时必然涉及宣传的问题，在此，我们想提醒企业培训部门管理者的是，一定要参考平台营销推广和运营机制的方式为微课宣传来造势。

（一）一把手挂帅

我们这里的"一把手"是指企业最高领导者，企业的最高领导者在企业中拥有实际上的人事权、经营管理权、财务管理权和职务、薪资调动权。

企业在设计微课程体系建设项目之初，一定要得到企业最高领导者在项目人员配备、项目经费、项目规则制定等方面的全力支持。企业在启动微课课程体系建设项目时的首要推动人如果是企业最高领导者，项目的启动、发展、推动都将更加顺畅。所以，一把手挂帅就是要使之成为——项目负责人：企业最高领导者成为项目负责人能自上而下形成主体动力，便于项目整体落地；项目代言人：出现在项目启动、关键点、验收环节，带动项目参与者的信心和推动整体项目进程，为项目造势代言；协调决策人：项目进行过程中需要协调各部门人员调配、实施进程决策时，一定是企业最高领导者为最终审批人；项目见证人：在项目实施当中成为他们进程的见证人，并且予以参与者动力的关键人。

微课程项目有了"一把手挂帅"的支持，在企业的宣传上就有了战略性导向影响。

（二）管理者先行

管理者层层负责制。微课程项目的推进离不开各部门管理者的推进，管理者们的支持和参与度是全员参与的基石。管理者们在项目推进中有了指向引导，企业微课程的全面推行就有了政策驱动力。

管理者必须成为先行者。企业所有的管理人员都必须承担企业内部培训义务和职责。高层管理者的运营管理经验、中层管理者的专业核心能力、基层管理者的实战技能都是企业发展的核心财富，管理者的知识、技能转化是企业岗位技能型、问题型微课程开发的主体课程。

（三）培训管理者

培训管理，在进行微课程影响宣传上可采用不同的形式来开展。

1. 海报与文案推广

在企业网站平台、微信公众平台、企业内部群、OA系统等所有对内、对外宣传途径上用海报、文案进行时时进度跟进，以加速炒作影响力。例如2017年热映电影《战狼2》的海报数据，就成为海报时时跟进的典范案例，企业培训管理者可以参照这些推广方式。

2. 设置辅助形式

在此简单罗列几种企业推进微课影响采用的形式。

（1）学习文化墙

企业在工作区域内设计一处或多处学习文化墙，将微课程项目进行公告发布，对学习过程的经典照片进行发布，发布一些微课程中学习和成长有关的热点话题或文章来提升员工的学习兴趣。

（2）学习型小组建设

一个企业要设立多个学习型小组，每百人部门必须要有多个学习小组，每个人少的部门可以与类似工作部门共同成立学习小组，每个学习小组制定每个月的小组学习次数和时间。

（3）设立学习角

企业场所可设定几个学习角落，由各学习小组申请使用学习角。学习角通常有室内学习角和室外学习角，有时候室外学习角除了能够产生实际价值外，还能让员工看到别人在学习，进而激发自己的学习动力。

（4）课题学习小组

课题学习小组是指对某个专题有共同爱好的人成立，该小组可以是跨部门的，也可以跨职位。

（5）混合多个学习小组

每个人不能只参加一个学习小组，而要根据实际情况参加多个学习小组，也让自己的人际、知识更加全面、生活更加丰富。

（6）评选最爱学习奖

每个部门每个月评选出相应人数的"最爱学习奖"，公司每个季度评选出相应人数的"最爱学习奖"。

（7）内部讲师活动

企业要每月组织1~2次讲师活动，因为是讲师推动了企业的学习氛围。

（8）公司网站推动培训

公司要在网站上，有较大篇幅的学习活动介绍，让企业内部以培训为荣，让企业外部尊重本企业的培训文化。

没有学习的氛围就不会有学习的持续发展，没有规范的培训管理制度再好的培训都是空谈。

微课程的呈现形式和老师的授课技能是全公司员工爱学习的主要基础。

课堂上没有好的学习氛围，再好的培训制度也无法保证员工长时间喜欢学习。

三、趣味活动增强微课程的后劲

如何让微课程在企业里形成持续的长效体系，这就必须要考虑不断迭代过程的后续勃发之力。同时也要求我们的培训管理者具备多元素、大融合的活动理念，吸引企业全体员工不断地参与其中，让企业微课程体系和内容更加完善。这里给各位简单列举几种趣味活动以供参考。

（一）微课擂台赛

设立一名擂主，召集同岗位、同微课呈现形式、主体内容方向的其他微课程开发者向擂主发起挑战，用挑战赛的形式来进行。例如中国诗词大赛。

（二）悬赏完善奖励

用悬赏的形式对于优秀微课程进行全员完善建议，让员工针对微课程的设计、呈现、内容优化等各方面给出完善办法，一旦采用予以奖励，以帮助微课程的不断优化。例如做出更好的PPT、优化微课中的步骤流程、更精准的表达方式等。

（三）粉丝大比拼

将企业评选出来的某达人、某明星、某"网红"，开展线上直播或线下见面会的形式，进行粉丝专业大比拼，不断发酵微课程在企业实际工作岗位中的应用。

（四）微课知多少

每个部门内部进行微课程学习分享会，可以每天十分钟，可以在线学习心得等进行内部专项岗位交流分享，从而成为人人为师、人人乐分享、人人促学习的驱动力。

（五）线上晋级管理

本方法对在线平台设计有要求，建议企业根据实际情况而定。企业可以参照网络游戏中的晋级方法，或者选定一种晋级名称，由员工在线发表、学习参与等方式来提升线上学习的个人晋级制。

（六）奖品兑换

企业可设立不同的积分兑换奖品的形式，让员工在参与微课程学习后有积分，用不同的积分设立可以得到不同的奖品对换。例如各种商家积分兑换奖品。

（七）各种奖项设立

可设立以月、季、年度为评定时间的微课贡献奖、最佳人气奖、学习达人奖、学习小组组织奖等等可以进行持续颁发的奖项。还可以每年举办一届微课大赛、同行业挑战赛等。

一个企业培训的发展，是靠企业对培训的日积月累才形成的学习氛围。任何一个企业，如果学习没有形成氛围，那这个企业的培训一定坚持不了多久。

企业的培训氛围需要靠各种制度来完善，企业培训的各种制度需要靠完善的各级别课程体系来构建，企业对培训的宣传和培训的文化建设，同样也是企业学习氛围推动与营造的保障。

第四节　线上线下联动形成良性循环

一、让线下培训与线上微课程形成互补

（一）上下并行突破局限

一提到微课程，很多人就会想当然地认为是线上微课程，实际上线下的微课程也一直在为线上而服务，比如著名的TED（Technology——技术，Entertainment——娱乐，Design——设计）演讲就是线下的微课程形式，但其影响力是通过互联网的形式来进行传播的。

微课程不应只局限于线上或者线下，而线上线下相结合的形

式才是企业培训学习的最佳形式。

1. 线上：在线与移动学习为主流

（1）在线学习

线上微课程最典型的形式就是在线学习（远程）课程。在线学习把一个课题的总教学目标进行细化，将持续数周的时间分解成多个微课程，然后通过连续几周的教学安排来达到其总体教学目标。

【案例7-1】国际、国内的大学使用的 MOOC（massive open online course，慕课）学习

时间持续5~9周，每周1~5段微视频，最短5分钟，最长的也不会超过15分钟，微视频中精简地将本周知识要点进行说明。同时还提供了非常多的其他资源，学生可根据自身兴趣进行拓展学习，看一些辅助的视频或者教学材料。

另外，学生每周还要完成一些作业或考试，参与团队讨论等。

以上方式按规定的时间进行组合，就形成了体系化的教学架构，这是在线学习课程的最典型形式。

（2）移动学习

线上微课程的最优选模式就是移动学习。由于手机等移动设备的出现，让在线课程可以直接点对点地服务到每一个人。

在许多企业中，往往一线员工不可能有足够的时间参加面授课程培训，也没有便利的条件进行在线网络课程的学习。而今，越来越多的企业选择使用移动设备覆盖一线员工的随用随学。

【案例 7-2】顺风嘿客

顺风旗下的"嘿客"店，就利用捷库平台的企业移动训练系统，向全国一线员工进行消息通知、图文资料、短视频、调查和考试等微课内容推送，使全国所有"嘿客"店员工能够使用手机来"边干边学""边学边干"。

2. 线下：改变传统的 ADDIE（Analysis——分析，Design——设计，Development——开发，Implement——实施，Evaluation——评估）模式

近几年，我国的课程开发领域开始呈现出一种趋势，将一门大型课程或者可能需要几天时间学习的标准课程，拆分成很多子单元、很多更利于消化吸收的小模块的课程呈现形式。其实，这种形式中的不少课程都是微课程。

在企业里要单独开发一门标准课程，内容专家或兼职内训师要学习教学设计原理、课程开发技巧、分析学习者需求、进行教学活动设计等内容，而这些内容又并非是一时半会儿就可以学成的。

微课程因其短小精悍、形式灵活、开发便捷的方式，在很大程度上规避了以上问题。利用班前、班后会来做一些简单快速的案例分享、话术演练、经验研讨和实践活动复盘等，从传统课程开发的 ADDIE 模式，逐渐演变成以微课程为主的组合式学习。这种快速迭代的微课程开发方式，逐渐在越来越多的企业培训中大放异彩。

【案例 7-3】京东 talk

京东大学推出的"京东 talk"也称之为京东版 TED 演讲,就是通过类似 TED 演讲的方式,在线下邀请公司内外各路牛人与京东人分享行业知识与经验,让这些牛人们来到摄影棚,用 8 分钟、18 分钟或者 30 分钟,完整地讲述自己工作的一个案例或经验感悟,录制后上传到在线平台。

(二)双管齐下组合出击

众所周知,面授结束后学员的吸收和转化率并不高。我们把面授过程根据微课程的特点,以知识点或技能点为单位,以问题为导向,分割成 N 小段,录制成线上微课程,可以大大方便那些已经参加过面授的学生日后复习面授所学的课程。

学员因为事先在面授时已基本掌握了课程的体系和框架,对整个课程有了整体概念,所以再面对线上课件时,任选一段都不陌生,从而有效地帮助学员巩固和强化所学知识技能。这种将线下系统化的面授方式和线上碎片化学习相结合,将是培训学习中非常有效的学习方法。

在线上线下同进推进培训时我们一定要牢记以下两个原则。

1. 第一原则:众包思维

众包,是指让企业所有人都来参与微课程内容的开发与传递,要让没有接受过专业课程开发训练的工作者都能方便地开发出微课程,从而激发全员生成内容的主动性和创造性。

移动互联时代,微课程必须要利用"众包思维"进行设计和开发并快速迭代。即通过大家对微课程的反馈，迅速地进行优化和改进。

2. 第二原则：内容＋形式

对于微课程而言，不能过于偏重于内容和形式中的任何一方。微课程开发必须明确该微课程内容究竟服务于哪一类人群、解决哪一个问题，以某一个人群的工作能力指标或职责为主线，将人群聚焦后把其碎片化的知识串起来的设计就越精准。

其实，这也是我们在本书前面章节一再强调的，在微课程的设计制作中定义问题一定要小，一次只针对单一且完整的点状知识进行微课程开发。微课程体系规划一定要有利于形成丰富的知识标签和要点索引，避免重复学习。

同时，在设计微课程的呈现形式时，如果微课程的形式设计太差，往往会影响到学习者的参与度。所以，微课程的呈现形式一定要结合传播所用的媒介，时刻考虑到终端的用户体验。

二、让企业的专业课程走进学校课堂

企业人才培养的金字塔结构中最大的群体无疑是基层员工的人才培养。随着校园招聘会而来的企业进校园，已经成为越来越多企业基层员工的定向来源。

同时，随着企业内训师队伍的建立，内训师们除了在企业内部进行分享外，对外影响力的推广也非常重要。企业进校园就在一定程度上为企业内训师的成长提供了实战平台。

（一）校企互动促师资

随着我国教育水平的不断普及，学校已经开始成为企业基层员工最大的来源地。越来越多的企业开始和学校进行合作，形成校企"产学研"相结合的多赢途径。

企业利用自身现有资源成为学校的实习基地，并指派企业优秀管理者或专业技术人员到学校给学生授课，同时邀请学校老师给企业员工培训，提高员工素质的同时达到促进校企双方互聘。

企业的优秀管理或专业技术人员在给学生授课的同时提升自身授课水平和使专业经验得到升华，使学生在教学中提高专业实战技能，练就学生过硬的专业本领，解决学校实习实训设备不足、实训材料费紧缺的矛盾，从而促进学校发展。

通过将同专业、同年级的学生安排到实践基础进行实训，把学习和实践的内容联系起来，企业和学校达成优势互补、资源共享、互惠互利、共同发展的双赢成果。

（二）订单培养善练兵

学校与企业共同办学招生，实现招生与招工同步、教学与生产同步、实习与就业联体形式，其形式与定向生类同。

在线选拔定期培养，由学校推荐在校学生参与企业的招聘选拔，教育实施由企业与学校共同完成，培训和考试内容来源于企业的需要，开设为本企业所需要的专业技能和实习课程，由企业的内训师进行具体的职业培训。

这种方式不仅解决了企业人才需求问题，同时把企业基层员工培养体系得以完善，也给去学校授课的企业内部老师一个演练的平台和荣誉。

（三）共建项目谱新篇

企业在专业领域当中的科研成果往往落后于学校科研项目成果，企业和学校可共建科研项目，让科研项目落地的同时学校得以创收共赢。

企业中有不少优秀的专业技能实战专家，靠实际工作中摸索出的实践经验，因其知识水平不高，很难有更高层次的提升时，企业为其提供学校资源助其达成专业技术支持和形成科研成果提炼。

企业的课程可以和学校的专业课程相结合，从而共同开发线上线下课程。企业可以将开发出的一些通用场景案例、标准作业规范等提供给学校。让优秀微课程成为学校学生学习的参照，形成企业在本行业领域的影响力。

三、让微课程成为新时期培训的重要一环

（一）时代发展推动微课热潮

移动互联技术的快速迭代和智能手机等移动设备的出现，是微课程为企业培训所青睐的重要原因。移动设备十分便利，具备越来越强大的多媒体制作与分享能力，促进了微课程的发展与普及，而其带宽流量、使用场景都要求课程短小精干。

在国际上，世界名校的网络微课程比比皆是，多数长度都在15分钟以内，一门课程通常只讨论一个问题，大大降低了网络的流量负担，更方便人们随时随地学习。

随着时代的发展，当今企业环境也发生了重大变化。过去大

多数企业会构建不同岗位的学习地图，并据此开发课程。而现在，受到复杂多变的竞争环境影响，企业要迅速调整战略、重组业务，导致岗位职责和人员不得不变。

企业构建传统学习地图所花费的时间比较长，代价较高，越来越难以适应快速变化的需要。相比之下，微课程短小精干，还可以用"众包"的方式让学习者参与进来——每个人既是知识的消费者，又是贡献者。这使得微课程的构建与更新更加快速灵活，成为现代企业学习的一个重要趋势。

（二）新时代学习者更迭的产物

当今职场中，"80后"和"90后"员工已经成为主力，这些新时代的人才随着移动互联网、智能手机的普及，都在不断促使企业在新环境的变革，也是推动微课程迅猛发展的重要原因。

伴随着互联网、手机而成长的这一代人，潜移默化的习惯决定了他们注意力持续时间较短；繁忙的工作也让他们难以抽出时间，将一门完整的传统课程从头听到尾。

不仅仅是"新生代员工"，就连在职场中打拼时间更长的人也有类似状况，新时代学习者的变化导致了微课程流行，这是最根本的原因。

（三）微课程将成为未来培训中的标准配置

碎片化学习和微课程因为方式灵活、学习方便、便于学习者选择、吸收率高，非常符合时下现代人的生活方式和审美情趣，又有一定互联网的强力支撑，这就形成了未来培训发展的一个重要趋势。

越来越多的面授课程正在"微"化或线上线下混合化，移动学习也越来越普及。

相较于传统的E-Learning，移动学习在国外呈现出一种"蛙跳效应"——很多企业还未用过E-Learning，就直接跳到了应用移动学习，且移动设备的出货量、上网比例都超过了传统的PC端。由此可以看出，以移动学习为基础的微课程将是大势所趋。

未来企业微课程的范畴也会继续扩大，原有的案例、经验分享以及一些标准作业规范等将越来越扩大，甚至原来不属于"课程"范畴的内容，都有可能被纳入"微课程"的行列，使原来的正式学习和非正式学习的边界变得模糊，并统合起来。微课程将成为企业培训当中的标准配置。

在企业微课程交付后才是企业微课程培训项目的开始，而微课程项目后期的持续生更发芽，就必须：在企业政策指引下建立、健全微课程培训的各项机制；在企业管理者的导向领航中激发员工热情和共创学习环境；在企业内部甚至是外部参与的全员评议下不断生发新爆点；未来微课程的开发方式上将从目前"小微课"格局向"大微课"时代进行转变；未来微课程的应用将更加靠近微课程的"本质"和微课程的"时代使命"；微课程制作技术上的交互式学习、虚拟仿真、3D视频体验式等新科技形式成为新宠；微课程将从"单打独斗"的企业个体封闭式建设，迈向基于"互联网+"思维模式的"众筹"与"平台联盟"下的创客教育新范式；微课程只是一个学习行为激发的"引子"，而由这个"引子"产生的众多学习者在学习社区的互动分享和新兴技术在微课程的发展及应用，将会形成未来培训的新学习生态模式。

附 录

微课程制作项目相关标准（企业级）

（一）音频文件

1．听感指标

（1）收音清晰，无明显失真或放音过冲、过弱

（2）无关噪音不明显或不影响主收音人声

2．技术指标

（1）采样率：441000Hz

（2）声道：立体声

（3）采样精度：16位

（二）视频文件

1．画面构图

（1）主讲老师授课构图

主讲老师位于画面右侧，约占整个画面1/3位置，讲授课程时双手位于腰部以上，即"井字构图"法。如下图：

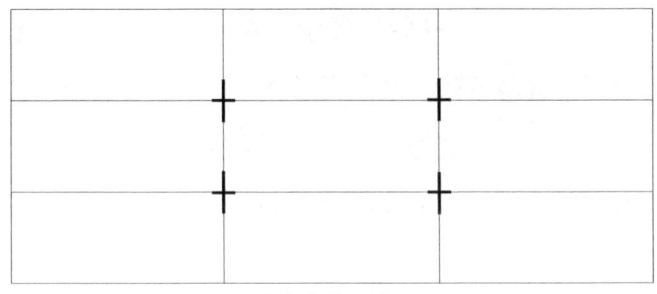

"井字构图"法

运用"井字构图"法演播室拍摄构图实例

（2）情景剧构图

为了表现运动感、交代画面的背景以及让画面有延伸感，应在画面中"留白"。被拍摄对象如果有向前运动的趋势或眼睛向侧方注视，则在对应方向留下空白，避免给人以压迫感。若被拍摄对象的运动速度快，则要在移动方向留出较多空白。

具体构图也可参照"井字构图"法。

情景剧构图实例

2. 建议参数

（1）输出设备：Generic OHCI HD 60Hz

（2）输出格式：1920×1080 59.94i

（3）帧尺寸：1920×1080

（4）帧速率：29.97（30000/1001）

（5）像素长宽比：1.0000

（6）场序：上场优先

（7）音频：44100Hz

（8）采样大小：16位

（9）通道：2

（10）转场方式：溶化

（三）幻灯片课件

1．尺寸（宽×高）

25.4cm×14.29cm

2．字体

微软雅黑、黑体、幼圆

3．结构

（1）封面

（2）内容页

（3）封底

《如何识别合格的增值税专用发票》课程大纲

【课程目标】

经过培训后，学生能够在财务报账时提供合格的增值税专用发票，减少财务退单以提高工作效率。

【授课对象】

集团全体员工

【呈现载体】

视频、现场授课。

【学员收益】

技能层：到财务报账时提供合格的增值税专用发票。

知识层：了解增值税专用发票的作用。

思维层：尽可能地取得增值税专用发票，实现公司利益。

【课时安排】

线上7分钟。

【课程大纲】

第一部分　线上内容

一、案例《小张的烦恼》

某日小张拿着宣传牌的发票来财务报账，财会科小李把发票退回给小张，称这不是合格的增值税专用发票。小张只得拿回发票重新找供应商开具。

二、退单的原因

（一）不知道

不知道增值税专用发票的样式及其填写标准，不知道取得增值税专用发票对公司的利益。

（二）不重视

发票不合格财务会把关，不用我们这些非财务专业人员思考太多。

三、识别的方法

（一）示范合格的增值税专用发票

1．要素应齐全：购买方的名称、纳税人识别号、地址、电话、开户行及账号、货物或应税劳务、服务名称、规格、单位、数量、单价、金额等填制完整（不可留空，不能涂改），字迹清晰。

2．**大写**、**小写**金额相符。

3．**开票人**、收款人签名完整、清晰。

4．**发票必须加盖发票专用章**（汇总开具发票的，发票清单也需加盖发票专用章）。

（二）示范增值税普通发票

说明增值税专用发票与增值税普通发票的区别：

1．发票抬头名称的区别。

2．税金的区别：增值税普通发票即使写有税额也不能抵扣增值税。

对比以上示范的两张发票，总结：为了公司的利益，避免不必要的损失，属于增值税业务的，必须取得增值税专用发票。

第二部分　线下内容

一、观看、学习线上视频、文件

二、线下扩展

展示几张不合格的发票，现场抽查人员上台口述不合格的地方。

三、考核

找时间，采用问卷的形式考核培训结果。

《如何识别合格的增值税专用发票》微课程拍摄脚本

编号	内容	画面构图	解说文字
1	问好		【逐字稿】大家好，欢迎来到东亚糖业小讲堂，我是刘梦婷。
2	介绍主题		【逐字稿】今天要和大家分享的是《如何识别合格的增值税专用发票》。
3	引出案例		【逐字稿】说到增值税专用发票，相信大家都不陌生。上个月，行政部的小李在报账的时候遇到了发票带来的麻烦。让我们来看看到底发生了什么。
4	案例详情		【同期声】小张："你申请付款的广告费必须要取得增值税专用发票，请拿回去重新开票。" 小李瞬间郁闷了："我这张是增值税发票呀。"
5	案例详情		【同期声】小张："你这张的确是增值税发票，但是这是增值税普通发票而不是增值税专用发票。而且，这张发票还有很多信息没有填写完整。你看，比如纳税人识别号和地址、电话等。这些重要信息要填写完整才能申请付款。" 小李："我明白了，谢谢你的耐心解释，我拿回去重新开专票。"
6	出现问题的两大原因		【逐字稿】想必不少人也有过类似被退单的经历，为何这样的情况经常出现呢？一般来说，出现这种现象的原因主要有以下两个： 一是不知道，不知道增值税专用发票填写规范是什么； 二是不重视，不重视发票合格与否，认为反正财务会把关。 正是由于这些原因，不少同事拿到不合格的发票来报账，屡屡被退单，耗时耗力还弄得心情不好。那么，到底怎么样才能避免拿到不合格的增值税专用发票呢？小讲堂帮大家总结了："四检查""四注意"。

（续上表）

7	『四检查』简介		【逐字稿】所谓的"四检查"就是——查要素、查金额、查签名、查盖章。
8	『四检查』详细		【口播稿】具体来说,"查要素"就是要检查这张增值税专用发票要素是否齐全,看看购买方的名称、纳税人识别号、地址、电话、开户行及账号。
9	『四检查』详细		【口播稿】货物或应税劳务服务名称、规格、单位、数量、单价、金额等是否填写完整,字迹清晰,不可留空,不能涂改。
10	『四检查』详细		【口播稿】密码区不能压线,发票的两个号码必须一致。
11	『四检查』详细		【口播稿】若是运输发票,备注是否按规定填写。
12	『四检查』详细		【口播稿】第二,检查大写、小写的金额是否相符。
13	『四检查』详细		【口播稿】第三,检查开票人、收款人是否签名完整、清晰。
14	『四检查』详细		【口播稿】第四,检查发票是否加盖了发票专用章。

（续上表）

15	「四检查」小结		【逐字稿】检查好这四个要点——查要素、查金额、查签名、查盖章，如果这些都没问题，那么恭喜你，取得了一张合格的增值税专用发票！看到这里，小伙伴们是不是认为万事俱备了呢？大家可别忘了，万事俱备的下一句话是"只欠东风"。除了"四检查"，这里还需要的"东风"就是"四注意"。
16	「四注意」简介		【逐字稿】那么，"四注意"又是哪些呢？它们分别是看类别、需两联、附清单、要及时。
17	「四注意」第一点		【口播稿】具体来说，"看类别"指的是注意区分增值税专用发票和增值税普通发票，二者的区别在发票抬头处均有注明，增值税专用发票的抬头名称有"专用"字样，且增值税专用发票可以抵扣增值税，为公司减轻纳税负担。
18	「四注意」第一点		【口播稿】而增值税普通发票虽然也注明了税金，但这部分税金是没办法抵扣增值税的。
19	「四注意」第二点		【口播稿】第二，"需两联"。注意所取得的增值税专用发票必须包含发票联和抵扣联两联。
20	「四注意」第三点		【逐字稿】第三，"附清单"。对于汇总开具发票的，要注意索取发票清单。比如采购了一批设备零件，供应商可能不会对每一种零件都开具一张发票，那么此时，我们索要汇总开具的增值税专用发票时，也要记得索取发票清单，尤其需要注意的是：发票清单上也必须加盖发票专用章。
21	「四注意」第四点		【口播稿】最后，"要及时"。增值税专用发票必须在开票后180天内到税务机关进行认证抵扣，所以，大家取得增值税专用发票后，一定要记得及时报账。

（续上表）

22	回顾四检查		【逐字稿】除了"四注意"，大家别忘了我们之前提到的"四检查"：查要素、查金额、查签名、查盖章。有了"四检查"和"四注意"，相信大家都能取得合格的增值税专用发票，都能顺利地完成报账。
23	结语		【逐字稿】一次性取得合法合规的增值税专用发票，不仅能减轻公司的纳税负担，还提高了大家的工作效率，避免了来来回回的反复工作。希望通过今天的小讲堂，能让大家更了解增值税专用发票，能给大家的日常工作带来更高的效率。 感谢大家收看本期微课，我们下期再见。

《超越自我——柜员营销服务能力提升七步曲》课程大纲

【课程目标】

经过培训后，学生能够在柜台服务客户时合理运用"七步曲九句话"，提高客户满意度。

【授课对象】

网点柜员

【呈现载体】

视频

【学员收益】

技能层：较好地运用"七步曲九句话"。

知识层：了解"七步曲九句话"的内容。

【课时安排】

7分钟

【课程大纲】

一、案例《小芳的烦恼》

农业银行网点柜台,一位客户向柜员小芳抱怨:"我来你们银行存钱,你们爱搭不理,存个钱还要等这么久,你们不知道我赶时间啊!"小芳很纳闷,银行规定存款业务必须清点钱的数目,30万元也不是两三分钟就能数完的。于是,小芳面无表情地帮客户办理完业务,之后客户满腹牢骚地离开了。

二、客户抱怨的原因

(一)没有办法

柜员在遇到抱怨时,无计可施,不知道利用"七步曲九句话"来解决问题。

(二)轻视体验

柜员不重视客户的服务体验。

三、学习"七步曲九句话"

(一)"七步曲九句话"主体内容

1.站相迎

话术:您好,欢迎光临!请问您办理什么业务?

2.笑相问

话术:您是要从这张卡/折里取××万元吗?您还需要办其他业务吗?我可以帮您一并办理。

3.礼貌接

话术:您的业务办理大约需要××分钟,这是我行最新的产品介绍,您可以了解一下。

4. 及时办

贵宾客户话术：您已经是我行的贵宾客户，下次来办业务前可以先和××经理预约，他会提前帮您安排好的，节省您的时间。

未办卡的贵宾客户话术：××先生/小姐，您可以申请我们的贵宾卡，享受更多专属服务，我可以请客户经理给您介绍一下。

潜在贵宾客户话术：××先生/小姐，这是我行的"贵宾服务体验卡"，下次您可以拿着这张卡找客户经理免费体验一次贵宾服务。您填写上个人信息，这张体验卡就生效了。我帮您登记一下。卡上有我们客户经理的联系方式，您有任何业务需求，都可以找他。

5. 巧推荐

普通客户话术：××先生/小姐，下次您这样的业务可以直接到自助服务区办理，既方便又快捷。

6. 提醒递

话术：这是您的现金、证件、单据和卡片，请核对、请收好！

7. 目相送

话术：请您对我的服务做出评价，谢谢，再见，请慢走！

（二）"七步曲九句话"执行要点

1. 站相迎

（1）开门迎客后面对第一位客户要站立相迎，让客户有良好的体验，为维护客户秩序打下基础。

（2）面带微笑，举起右手，五指并拢，大臂平举，前臂与大臂垂直，目光注视客户。

2．笑相问

（1）主动问候，让客户未办业务先有好感。

（2）确认待办业务，实现快速服务。

3．礼貌接

（1）首先确认金额，避免争议。

（2）运用手势，边做边问。

（3）提醒客户是否还有其他遗忘业务待办事项，避免重复排队，以节省时间，提高效率。

4．及时办

（1）递上产品宣传折页，承诺时可多说一分钟，以降低客户的期望值，增强客户满意度。

（2）避免客户因无聊等候而产生焦躁情绪。

（3）通过给客户提供产品资料，挖掘新的营销机会。

5．巧推荐

（1）激发客户享受客户经理高水平专属服务的欲望。

（2）及时向客户经理转推介，创造深层营销机会。

（3）让客户主动联系客户经理，既可以让客户经理在服务营销中获得主动地位，还可以通过优质和专业的服务，培养客户对农行的忠诚度、依赖度和贡献度。

6．提醒递

（1）提醒服务，避免遗漏。

（2）核对确认，避免争议。

（3）双手递送，将客户证件、卡片背面朝上，保证客户重要信息不泄露。

7. 目相送

（1）表示诚意，接受监督。

（2）表示礼貌，展示素养。

（3）通过语言和肢体语言，提示注意行走安全。

四、总结

通过学习"七步曲九句话"主体内容和执行要点，根据不同客户需求为其提供标准化、差异化、个性化的营销服务，提高客户满意度。

《超越自我——柜员营销服务能力提升七步曲》微课程拍摄脚本

编号	内容	画面构图	解说文字
1	问好		【口播稿】大家好，欢迎来到农行微课堂，我是小旋。
2	介绍主题		【口播稿】今天要和大家分享的是《超越自我——柜员营销服务能力提升七步曲》。
3	引出案例	小芳的故事	【口播稿】提起客户抱怨，柜员小芳就有一肚子苦水，上个月她在柜台办理业务时遇到了麻烦。现在想起来，她还觉得自己特别委屈。
4	案例详情		【口播稿】客户："我来你们银行存钱，你们爱搭不理，存个钱还要等这么久，你们不晓得我赶时间啊！"
5	案例详情	委屈	【口播稿】小芳瞬间委屈了，心想："银行规定存款业务必须清点钱的数目，30万元也不是两三分钟就能数完的呀"。

（续上表）

6	案例详情		【口播稿】办理完业务的客户满腹牢骚："存个钱这么慢，耽误我时间，我一分钟赚好几万！"
7	出现问题的原因		【口播稿】相信像小芳这样被客户抱怨的经历，不少柜员都遇到过。那么，为什么这种事会常常发生在我们身边呢？ 一是没办法。因为之前没有遇到过类似的情况，即使遇到了也没有好办法解决。所以柜员在遇到抱怨时，常常束手无策。 二是轻体检。柜员不重视客户的服务体验，把关注点更多地放在了自己身上。 那么，怎样才能提高客户满意度呢？微课堂为大家介绍"七步曲九句话"，帮助大家提升营销服务能力。
8	"七步曲"简介		【口播稿】所谓"七步曲"就是站相迎、笑相问、礼貌接、及时办、巧推荐、提醒递、目相送。
9	第一步		【口播稿】首先是站相迎。
10	第二步		【口播稿】笑相问。"您好，欢迎光临！请问您办理什么业务？"
11	第三步		【口播稿】礼貌接。"您是要从这张卡里取3万元吗？您还需要办其他业务吗？我可以帮您一并办理。"
12	第四步		【口播稿】及时办。"您的业务办理大约需要3分钟，这是我行最新的产品介绍，您可以了解一下。"
13	第五步		【口播稿】巧推荐。对于贵宾客户："您已经是我行的贵宾客户，下次来办业务前可以先和王经理预约，他会提前帮您安排好的，节省您的时间。"

（续上表）

	第五步		【口播稿】对于未办卡的贵宾客户："李先生，您可以申请我们的贵宾卡，享受更多专属服务，我可以请客户经理给您介绍一下。"
14	第五步		【口播稿】对于潜在贵宾客户："董先生，这是我行的'贵宾服务体验卡'，下次您可以拿着这张卡找客户经理免费体验一次贵宾服务。您填写上个人信息，这张体验卡就生效了。我帮您登记一下。卡上有我们客户经理的联系方式，您有任何业务需求，都可以找他。"
15	第五步		【口播稿】对于普通客户："马先生，下次您这样业务可以直接到自助服务区办理，既方便又快捷。"
16	第六步		【口播稿】提醒递。"这是您的现金、证件、单据和卡片，请核对、请收好！"
17	第七步		【口播稿】目相送。"请您对我的服务做出评价，谢谢，再见，请慢走！"
18	小结		【口播稿】"七步曲九句话"看上去容易，相信大家不到十分钟就可以牢记于心。但是，光知道还不行，我们必须得按要求做到，甚至做好！接下来向大家介绍"七步曲九句话"的执行要点。
19	执行要点一		【口播稿】站相迎需要注意以下两点：一是开门迎客后，面对第一位客户要站立相迎，让客户有良好的体验，为维护客户秩序打下基础。二是面带微笑，举起右手，五指并拢，大臂平举，前臂与大臂垂直，目光注视客户。
20	执行要点二		【口播稿】笑相问需要注意以下两点：一是主动问候，让客户未办业务先有好感。二是确认待办业务，实现快速服务。

（续上表）

21	执行要点三		【口播稿】礼貌接需要注意以下三点： 一是首先确认金额，避免争议。 二是运用手势，边做边问。 三是提醒客户是否还有其他遗忘业务待办事项，避免重复排队，以节省时间，提高效率。
22	执行要点四		【口播稿】及时办需要注意以下三点： 一是递上产品宣传折页，承诺时可多说一分钟，以降低客户的期望值，增强客户满意度。 二是避免客户因无聊等候而产生焦躁情绪。 三是通过给客户提供产品资料，挖掘新的营销机会。
23	执行要点五		【口播稿】巧推荐需要注意以下三点： 一是激发客户享受客户经理高水平专属服务的欲望。 二是及时向客户经理转推介，创造深层营销机会。 三是让客户主动联系客户经理，让客户经理在服务营销中获得主动地位。
24	执行要点六		【口播稿】提醒递需要注意以下三点： 一是提醒服务，避免遗漏。 二是核对确认，避免争议。 三是双手递送，将客户证件、卡片背面朝上，保证客户重要信息不泄露。
25	执行要点七		【口播稿】目相送需要注意以下三点： 一是表示诚意，接受监督。 二是表示礼貌，展示素养。 三是通过语言和肢体语言，提示注意行走安全。

（续上表）

26	结语		【口播稿】通过学习"七步曲九句话"主体内容和执行要点，根据不同客户需求为其提供标准化、差异化、个性化的营销服务，能提高客户满意度，也可以让我们的工作更加愉快。 感谢大家收看本期微课，我们下期再见。

参考文献

1. 周平.培训师授课技能手册.北京：北京联合出版社，2015.

2. 周平，范歆蓉.培训课程开发与设计.北京：北京联合出版社，2015.

3. 邱伟.FAST高效课程开发：培训师成长实践手册.北京：电子工业出版社，2015.